从零开始
读懂财报

戴纪煌◎著

天津出版传媒集团
天津人民出版社

图书在版编目（CIP）数据

从零开始读懂财报/戴纪煌著. -- 天津：天津人民出版社，2023.4

ISBN 978-7-201-12989-1

Ⅰ.①从… Ⅱ.①戴… Ⅲ.①会计报表-会计分析 Ⅳ.①F231.5

中国国家版本馆CIP数据核字(2023)第035653号

从零开始读懂财报
CONG LING KAISHI DUDONG CAIBAO

戴纪煌　著

出　　版	天津人民出版社
出 版 人	刘　庆
地　　址	天津市和平区西康路35号康岳大厦
邮政编码	300051
邮购电话	（022）23332469
电子信箱	reader@tjrmcbs.com
责任编辑	伍绍东
特约编辑	温爱华　张艳霞
装帧设计	刘红刚
制版印刷	嘉业印刷（天津）有限公司
经　　销	新华书店
开　　本	787毫米×1092毫米　1/16
印　　张	16
字　　数	174千字
版次印次	2023年4月第1版　2023年4月第1次印刷
定　　价	48.00元

版权所有　侵权必究

图书如出现印装质量问题，请致电联系调换（010-82069336）

前　　言

近几年，我国加快了融入一体化世界经济的步伐。随着供给侧改革、降杠杆等经济政策的推行，以及产业界竞争的日趋激烈，企业财务状况分析变得日益重要，因为这事关企业自身的投资价值，也事关企业融资能力的前景，而且只有企业盈利能力有发展，才能履行好自身社会责任，所以，财务状况在成熟市场经济下成了企业内外部利益群体所关注的重点。近年来，企业投资人在经营过程中真是战战兢兢、如履薄冰，稍有不慎就会使企业处于停摆状态。这一情况，反映出企业的经营者在通常情况下缺少风险预判能力和有效应对风险的经验；处理好企业经营发展中各种纷繁复杂的运营问题与正确应对由此带来的财务风险具有同等重要性。

财务报表是企业会计信息的主要载体，而财务报表分析又是企业对外报送财务报表的主要分析依据，因此，财务报表分析的作用必然与会计的作用以及财务报表的作用密不可分。

本书分为十个章节，深入浅出地讲述了财务报表分析的方法以及具体的应用，认真看完的读者一定能够有所收获。对于财务分析，国内外很多这方面的研究者在研究财务报表的路上永不止步，并且不断地尝试新领域。伴随着各行各业的快速发展，对财务分析报告的要求也越来越严格，越来越细腻，不断深化财务研究的财务分析可以更好地评价企业的经营结果与财务质量。

目录

第一章　财务报表快速入门

1.1 初识财务报表 / 003
1.1.1 什么是财务报表 / 003
1.1.2 财务报表的分类 / 004
1.1.3 财务报表的作用 / 006
1.1.4 不同人对财务报表数据的关注点 / 007
1.1.5 财务报表分析的对象 / 009
1.1.6 财务报表分析的目的 / 011
1.1.7 财务报表分析的原则 / 013

1.2 财务报表的组成 / 015
1.2.1 资产负债表 / 015
1.2.2 利润表 / 016
1.2.3 现金流量表 / 016
1.2.4 所有者权益变动表 / 017
1.2.5 财务报表附注 / 018
1.2.6 上市公司财务报表体系介绍 / 018

1.3 快速读懂财务报表的方法与技巧 / 020
1.3.1 货币资金和债务的分析技巧 / 020
1.3.2 存货与应收账款的分析技巧 / 021
1.3.3 盈利能力的分析技巧 / 021
1.3.4 杜邦财务分析体系 / 024

1.4 财务报表分析方法 / 027

第二章　快速读懂资产负债表

2.1 读懂资产负债表背后的秘密 / 031
2.2 资产负债表三要素 / 032
2.3 资产负债表相关指标 / 033
2.4 资产负债表中的财务杠杆及相关风险分析 / 035
2.4.1 财务杠杆的概念 / 035
2.4.2 财务杠杆基本原理 / 036
2.4.3 财务杠杆的衡量 / 037
2.4.4 财务杠杆在企业中的作用 / 038
2.4.5 财务杠杆与财务风险的关系 / 039
2.5 资产负债表分析举例 / 043
2.6 资产负债表日后事项分析注意事项 / 046

第三章　快速读懂利润表

3.1 利润怎样才说得清楚 / 051
3.2 利润的概念及其影响因素 / 053
3.2.1 利润的概念 / 053
3.2.2 利润质量的概念及含义 / 055
3.2.3 利润质量影响因素 / 056
3.3 利润表的内容 / 058
3.4 新收入准则的影响 / 059
3.4.1 新旧收入准则内容的对比分析 / 060
3.4.2 计量属性的不同 / 060
3.4.3 列报与信息披露 / 062
3.4.4 新收入准则的会计应用分析 / 062
3.5 利润表分析举例 / 066
3.6 利润分析注意事项 / 068

第四章　现金流量表

4.1 认识现金流量表 / 074
　　4.1.1 现金流量的概念 / 074
　　4.1.2 不同生命周期下现金流量的特征 / 075
　　4.1.3 现金流量表构成 / 078
　　4.1.4 现金流量表的作用 / 078

4.2 现金流量表分析的具体内容 / 080
　　4.2.1 现金流量表分析概述 / 080
　　4.2.2 三大现金流来源分析 / 081

4.3 企业现金流量表的分析方法 / 084
　　4.3.1 比较分析法 / 084
　　4.3.2 趋势分析法 / 085
　　4.3.3 比率分析法 / 085

4.4 现金流量表分析的意义 / 086

4.5 运用现金流量表进行财务分析要注意的问题 / 089
　　4.5.1 报表分析的可比性 / 089
　　4.5.2 报表分析的可靠性 / 090
　　4.5.3 定量与定性分析相结合 / 090
　　4.5.4 报表信息的有效性 / 091

4.6 现金流量表分析举例 / 092

第五章　财务报表分析应用

5.1 财务报表分析的概念 / 097
5.2 三大财务报表分析的功能 / 099
5.3 财务报表分析的方法 / 101
5.4 企业成长能力指标分析 / 103
5.5 财务指标 / 105

5.6 财务指标分析案例 / 109

 5.6.1 盈利能力指标分析 / 109

 5.6.2 流动性比率分析 / 113

 5.6.3 长期偿债能力比率分析 / 117

 5.6.4 营运能力比率分析 / 120

第六章 资产负债表分析

6.1 偿债能力分析 / 125

 6.1.1 传统偿债能力分析 / 125

 6.1.2 传统偿债能力分析 / 127

 6.1.3 偿债能力分析指标的完善与补充 / 128

6.2 营运能力分析 / 131

 6.2.1 传统营运能力分析 / 131

 6.2.2 营运能力分析指标局限 / 134

 6.2.3 营运能力分析指标的完善与补充 / 135

6.3 应收账款分析 / 137

 6.3.1 应收账款是什么 / 137

 6.3.2 应收账款周转天数 / 138

 6.3.3 应收账款分析方法 / 140

 6.3.4 应收账款对企业的影响 / 143

6.4 存货分析 / 147

 6.4.1 什么是存货 / 147

 6.4.2 存货分析 / 147

第七章 利润表分析

7.1 利润表盈利能力分析 / 151

7.2 利润表分析 / 152

7.3 利润表相关指标分析 / 154

7.4 利润表指标分析方法改进 / 155

7.5 上市公司盈利能力分析 / 157

7.6 上市公司利润表分析的注意事项 / 159

  7.6.1 利用收入手段进行利润造假 / 159

  7.6.2 利用成本费用方面的手段进行利润造假 / 161

7.7 利润表造假的案例分析 / 164

  7.7.1 某特钢公司利润操纵概况及其影响 / 164

  7.7.2 某特钢公司利润操纵的手段 / 167

第八章　财务质量分析

8.1 财务质量分析的概念 / 178

8.2 财务质量分析的作用 / 179

8.3 上市公司财务质量分析现状 / 181

8.4 资产质量分析 / 183

8.5 资本结构质量分析 / 185

8.6 盈利质量评价要素 / 186

8.7 上市公司利润质量分析 / 188

8.8 上市公司现金流质量分析 / 189

8.9 案例分析 / 190

  8.9.1 资产质量和资本结构质量分析 / 190

  8.9.2 上市公司利润质量分析 / 194

  8.9.3 现金流量质量分析 / 196

  8.9.4 某宁公司财务质量分析结论 / 198

第九章　零基础分析报表虚假信息

9.1 造成报表数据误差的原因 / 201

9.2 常见的财务造假手段 / 203

9.3 财务造假的识别 / 204

9.4 财务舞弊案例分析 / 207

  9.4.1 D 公司简介 / 207

  9.4.2 财务造假事件回顾 / 209

  9.4.3 D 公司财务造假手段 / 210

  9.4.4 财务造假处罚结果 / 213

  9.4.5 案例启示 / 214

第十章　企业财务报表分析案例

10.1 G 集团概况 / 221

10.2 资产负债表分析 / 222

  10.2.1 资产负债表水平分析 / 222

10.3 利润表分析 / 225

10.4 现金流量表分析 / 226

10.5 G 集团主要财务指标分析 / 228

  10.5.1 偿债能力分析 / 228

  10.5.2 营运能力分析 / 230

  10.5.3 盈利能力分析 / 232

  10.5.4 增长能力分析 / 233

10.6 与同行业其他公司比较分析 / 235

  10.6.1 偿债能力分析比较 / 235

  10.6.2 营运能力比较分析 / 238

  10.6.3 盈利能力分析比较 / 239

10.7 主要结论 / 241

后　　记 / 243

第一章

财务报表快速入门

1.1 初识财务报表

1.1.1 什么是财务报表

财务报表，就是用企业的各种财务指标，反映企业财务状况的一份报告。一份数据真实有效的财务报表是财务人员进行财务分析的关键要点和必要性保障。企业财务报表分析的目的，简言之，就是了解过去、把握现在、展望未来、使我们对企业的经营状况有足够的了解，以帮助企业更好地发展。

此外，财务报表还是一段时间内业务运营的衡量标准，是了解公司一段时间内的业务情况的基础。因此，其数据必须准确，内容必须详细，这样，所做的分析才能发挥适当的作用。身为财务官，应该不断提高自己的学习能力。有条件的公司，也可以聘请一些专家对公司财务人员进行定期培训，帮助他们学透新政策的同时，掌握并改进其对报告的分析技能。提升财务报表分析的能力，可以使公司得以更准确、更有效地分析财务报表。分析企业财务报表的过程，其实是一个信息转化的过程，从大量的财务报表信息中筛选出对决策者有用的信息并且加以归集和整理，避免信息量过大给财务报表使用者造成不便。

财务报表作为一个企业财务现状的体现，不论企业自身的业绩如何、利润如何，财务报表都是必须进行制作并汇总的。有效的财务报表可以很直观地呈现企业目前自身的问题，让领导层能够更加直观地加以分析并作出决策。然而，目前国内对于财务报表的整体使用效率依旧不高，且很多财务报表很难发挥其应该有的作用。一些大型企业，对于财务报表已经越来越重视，但是对财务报表的使用效率依旧落后于世界上的多数发达国家。目前，很多的财务报表分析仅仅局限于已经上市的相关公司，对于那些还没有进行融资或者只开始几轮融资的公司来说，还是存在着分析不足的问题。国内的财务报表分析水平，还是具有相当大的上升空间的。

1.1.2 财务报表的分类

对于企业的财务分析，最基础的就是三张财务报表：资产负债表、利润表、现金流量表。

这三张表各有侧重，我们先分析资产负债表，然后分析利润表，最后说说现金流量表。

资产负债表是我们关注的第一张报表，也是企业的根本，它是能更全面反映企业真实情况的报表，也是利润表的来源。利润表是反映企业当期经营情况的报表，通常反映过去一个季度或者一个年度的结果，但是利润数据存在被人为调整的可能。最后是现金流量表，它可以用来验证利润表和资产负债表的真实性。但是，不同的公司现金流量表编制可能存在差异，给可比性分析造成困难。总之，综合来看，三大报表都很重要，其中，资产负债表的分析是财务分析的重中之重。

资产负债表的分析一般从三个角度出发：资产、负债、所有者权益。一般出资人按出资比例的大小来进行利润的分配，同时出资人承担的风险也是按其投资比例分配的，出资越多承受的风险越大，反之则较小。所有者权益又称股东权益，拥有企业的所有权也就拥有着依法管理企业或者依法委托他人管理企业的权力。

利润表，用会计学上的术语可以解释为一个会计期间的企业经营成果情况汇总。这个会计期间可以是一个季度、半年以及一个年度，上市公司通常会按这三个时间段来披露财务报表。通俗而言，利润表就是企业最终获得的利润展现，简化的公式就是营业收入减去成本费用，具体一点就是营业收入减去营业成本及相关税费可以得到的营业利润，也就是我们通常说的毛利润。营业利润扣除掉营业外支出加上营业外收入得到利润总额，利润总额减去所得税就可以得到最终的净利润。知道了利润表是怎么得来的，我们就可以初步预测一家公司未来的利润了。净利润的预测包括两大块：一块是收入端的预测，一块是成本端的预测。收入的预测包括经常性收入和非经常性收入，其中经常性收入是最主要的，可以通过销售数量和销售单价两个方面来判断。成本的预测主要是原材料和三费一税，也就是销售费用、管理费用和财务费用，以及所得税。利润表只是一个企业经营的概况，其中会忽略掉一些有意义的中间信息。其次值得注意的一点，正如上文所说，利润表只是企业经营情况的反映，仅仅是结果，对下一年乃至下一个季度的影响并不大，有时甚至是公司利润调节后的产物。上市公司之所以要调节利润表，有两个方面的原因：一是从企业的内部来看，管理层通常为了追求更高的业绩报酬，有动力来粉饰财务报表；二是上市公司把利润表做得好看一点，更容易在资本市场融资，获得的资金成本也会比较低。

最后，现金流量表也是三大财务报表中不可或缺的一环，其主要展现企业在实际运营活动中的现金收入和支出情况。上市公司的现金流主要包括三个大的方面：与经营活动相关的现金流、与投资相关的现金流以及与筹资相关的现金流。其中，最重要的是与经营活动相关的现金流，因为这才是展现一家公司主营业务情况的现金流。这三部分现金流量可以概括企业生产运营活动所产生的全部现金流情况。它们相互联系，又各有特点。所以，对其进行研究时既要重视单一现金流的表象和其反映出的问题，也要关注不同现金流量表问题的联系性，更要关注单一现金流量表对整体的影响。

1.1.3 财务报表的作用

想了解企业财务发展状况的人不一定能够快速参与到企业的内部经营中，即便是可以快速进入公司内部、参与公司经营，也仍然在短时间内无法了解到公司的财务状况。在类似的这种情况下，财务报表就起了至关重要的作用。

财务报表分析的局限性在于其会受到"人为操纵"。"人为操纵"

是有意的信息误导,是人类沟通中常见的行为,并不仅局限于扭曲财务报表。

  财务报表分析在结合管理学、会计学等多门学科知识的基础上,进行企业经济活动的分析,综合性很强。将报表中复杂、烦琐的数据转化成通俗易懂的财务信息是财务报表分析的基本功能。要想做出更加准确、更加客观的决策,就必须准确地理解财务报表中所蕴含的信息。不同的主体在分析时有不同的目的和侧重点,存在一定的差异。对于债权人来说,企业的偿债能力是很重要的指标,直接关系到他们的自身利益。投资者更看重企业的投资回报率,以此判断企业未来的成长空间。注册会计师注重报表数据的真实性,相比其他主体,他们会更全面地整理财务报表的数据,以免遗漏。政府部门主要监督企业运营是否符合政策法规。通过分析财务指标的数值,我们可以掌握企业的生产经营规律。不同的行业生产和销售的特点是不同的,因此对资金的需求量也是不同的,存在不同的特性。通过对比指标的数值,我们可以诊断企业的"健康状况",了解企业自身的优势和劣势,找出与竞争对手之间的差距。

1.1.4 不同人对财务报表数据的关注点

  对于一个公司的管理者来说,如何掌握公司的财务状况,提高公司的财务信息质量,就显得不可或缺;对于一个公司的投资者来说,如何根据一个公司的财务质量信息来展望公司的前景,对自己的投资进行合理规划,是一项特别重要的内容。所以,财务报表的真实性对企业和社会而言,具有十分重要的作用。对财务报表的深入分析,有助于了解企业的财务状况、运营能力、盈利能力、现金流量情况以及企业未来可能会有的发展趋势，对我们分析一个企业的资产负债情况、获利情况、可持续发展能力得出有效结论，提出最终合适的方案至关重要。

财务报表对于一个企业来说，是微缩的全景体现。从表面来看，财务报表只是企业相关财务信息的展示，但通过进一步分析，从这些公开的财务数据中可以对企业的盈利能力、行业地位以及发展前景等有一个初步的了解。财务报表就是一个信息宣告牌，可以说，社会各界对于企业的第一次了解，就是通过财务报表。了解了一个企业的财务报表，也就对该企业基本情况有了大致的认知。

不论是企业的领导人员，还是企业的投资者，财务报表分析都是其最为看重、关注的。因为，只有通过财务报表的相关数据比对、研究，才能够更加真实有效地对财务的基本数据进行比对、研究，从而保证企业未来发展可以更加平稳，对企业当下的经济情况可以做到了如指掌。综合评定，对于企业自身的历史数据整合，必须客观、全面地进行分析，也只有在这种前提下，才能够保证会计信息的准确性，为企业的今后发展提供更好的契机。若企业管理者或投资者能够对企业财务报表进行深入分析，就可以避免由于会计信息不准确而带来的错误判断，更加充分地对企业过去的经营成果进行评价，衡量当前的财务状况，预测未来的发展前景，使企业管理者和外部投资者清楚了解到企业的优势和不足，从而做出理性决策和投资。

1.1.5 财务报表分析的对象

顾名思义,财务报表分析的对象主要是企业的财务。通常而言,只有上市公司才会定期公布相关的财务报表,因此,本书的分析主要针对上市公司。当然本书提到的方法同样也适用于非上市公司,不过外部报表使用者应当对其真实性保持谨慎。

报表分析的对象是指报表分析的内容;分析报表的对象是指报表的实际使用者。财务报表分析的关键点是通过收集、整理与经营决策相关的财务资料,运用专业的分析工具,分析出数据之间的关系,对经营情况进行判定和总结。

财务报表的使用者由于利益的差异,决定了他们在对企业进行财务报表分析时,除了共同的要求外还有特定要求。财务报表的使用者主要有以下七大类:(1)企业所有者;(2)债权人;(3)企业管理者;(4)供应商;(5)政府经济管理机构;(6)企业雇员;(7)社会公众。下面对这七大类财务报表的使用者做一个简单介绍。

(1)企业所有者:所有者或股东是投资者,一定高度关注其投资的盈利水平,也就是对企业投资的回报情况更加注重。一般投资人较为关注企业增加股息、红利的发放情况;而有企业控制权的投资人员更倾向于思考怎样提高竞争水平,提高市场占有率,减少财务问题,致力于实现长时间效益的不断平稳提升。

(2)债权人:债权人由于无法融入企业剩余效益的规划,决定了其第一考量的是贷款的安全情况。是否给企业贷款,需要对企业贷款的报酬和风险进行分析，企业是否有足够的支付能力以保证其债务本息能够及时、足额地偿还。持有短时间债券者，重视企业的短时间偿债水平，必须调研其资本的流通水平以及资本充足情况；持有长时间债券者需了解企业的长期偿债能力，要考虑企业综合的负债情况、盈利情况和企业的发展趋势。

（3）企业管理者：企业的领导者为满足不同利益主体的需要，协调各方利益关系，必须对企业运作理财的所有层面，涵盖运营水平、偿债水平、盈利水平和社会贡献情况的所有资讯进行合理的认识和把握，以便迅速找出问题，决定对策，设置并完善市场定位规划、运作模式，深入发掘潜能，给经济效益的不断提高打下良好的基础。

（4）供应商：供应商与公司的贷款给予者情况相同。他们在给企业产品进行赊销或者给予劳务后就变成企业的债券者，所以他们需要评估企业能否偿付所购买产品或劳务的款项。从这一点来说，大部分供应商对公司的短时间偿债水平十分关心。另一方面，部分供应商也许和企业生产者有长时间的、稳定的经济关系，在这种状况中，他们又对公司的长时间偿债水平十分关注。他们利用调研判断企业可否长时间合作，销售诚信情况怎样，是否必须对之延迟付款时间等。

（5）政府经济管理机构：对国有企业来说，政府除关注投资所产生的社会效益外还考虑投资的经济效益。政府评估企业运作理财水平，既必须认识企业资本占用的使用情况，预估财务收入提高水平，合理协调以及完善社会资源的规划，还必须通过财务报表调研，评估企业会否出现违法乱纪、给国家财产造成浪费的情况，最后利用全面评估，对企业的发展趋势和对社会贡献水平展开合理分析。对个别企业而言，可利用财务报表分析认识企业的纳税状况、税负的大小；企业会否遵循政策规定以及市场秩序、人员待遇以及社会就业水平等。

（6）企业雇员：企业的雇员往往和企业有着长时间的联系。他们注重工作职位的稳固性、工作条件的安全系数和获得收入的长远性。因此，他们对企业是否盈利和能否持续经营较为关注。

（7）社会公众：一般的社会公众对企业的关注是方方面面的。他们注重企业的就业制度、条件制度、商品制度和社会责任等领域，而对这些领域的调研，经常能够通过获利水平的探讨得到。

1.1.6 财务报表分析的目的

财务报表是会计工作者针对会计公认的规范，通过规范化的会计处理流程和手段对平常出现的经济工作展开处理，进一步总结归纳出可以体现公司运作水平、财务水平以及现金流量的报告媒介。

财务报表分析是和企业效益相联系的所有集体针对自己的目标，通过各种技术对企业的财务报表所提供的指标开展调研、对比和论证，以此对企业的运作水平加以评估。因为各个效益集体注重企业的目标以及关注点的区别，为了从普通目的的财务报表中获得自己注重的资讯，他们经常利用各种技术对财务报表指标进行完善和提炼。

财务报表分析能够为相关的投资者筛选出一个最优的投资规划，或者为他们决定是否需要给某个借款者、购货者授信时提供财务资讯。财务报表表现出来的资讯具有客观、具体和可量化等特点，有着十分重要的作用；同时，财务报表资讯反映了企业已经出现的情况，有预估的作用，假如可以和别的资讯相融合，彼此作用，彼此协调，会为报表资讯利用者带来极大的价值。财务报表分析的作用一般如下：（1）通过财务报表分析，可体现出一定时间内企业的财务水平、阶段内的财务状况和现金流量的总数以及品质，让决策制定者能够针对这些信息评估今后的发展趋势，同时创设出对应的运营方案。（2）通过财务报表分析，还能够帮助企业管理层了解企业的真实运营情况，对出现的问题及时做出调整，提高决策效率。（3）财务报表所包含的信息还能帮助分析师推测基本价值。分析师或投资者必须了解报表说明了什么问题，以及不能说明什么问题。分析师或投资者必须知道在财务报表中哪些地方可以找到合适的信息；分析师或投资者也必须知道财务报表的缺陷，了解报表中哪些地方不能提供定价依据的必要信息。因此，可以把财务报表调研的目标总结为：评估以往的运作效益，评估当下的财务水平，预估今后的开发前景。

1.1.7 财务报表分析的原则

财务报表分析的原则是指所有报表使用者在开展财务调研时必须遵守的普遍规律，业内总结出包含目的明确原则在内的七大原则，具体如表1-1所示。

表1-1　财务报表分析的原则

序号	分析原则	原则细化
1	目的明确原则	这个原则需要报表阅读人员在进行报表调研以前，了解阅读调研的目标有哪些，要通过报表给予的资讯处理哪些问题。
2	实事求是原则	这个原则指报表分析者在调研时必须由实际着手，秉承实事求是原则，不可以凭主观解决，不可以为实现既定目标而通过指标拼凑理由。
3	全面分析原则	该原则指在财务报表分析过程中，应将多个系数、百分比融合起来而获得对企业更系统的评估；另外，必须秉承个性原则，在对企业开展财务调研时，必须思考企业的独特性，不可以单一地和同领域企业直接对比。
4	系统分析原则	该原则指在分析财务报表时，要将四大会计主表进行综合分析，并结合财务报表附注以及以前的财务报表一并分析，只有这样才能得出较为准确的分析结果。
5	动态分析原则	该原则要求在分析报表时要考虑货币的时间价值，要充分考虑财务指标的变化速度和各指标间的关系，要用发展的思维看待各项指标。
6	定量与定性分析结合原则	该原则要求对公司财务活动进行"质"的分析；更要有"量"的分析，使各指标尽量量化，减少感观判断；同时也要注重二者的结合。
7	全成本效益原则	该原则要求分析者注意提高财务报表分析质量所带来的收益是否大于分析成本，分析过程中要有成本和效益意识。

美国哈佛大学的三位教授[①]联合提出的哈佛分析框架（Harvard analytical framework），是企业财务分析的新理论方法，是综合分析公司在经营过程中所处的宏观环境背景和公司的战略部署等，将战略(trategy)、会计(accountant)、财务(Finance)、前景(prospect)这四个层面和企业发展前景融为一体，这一方法不仅将定量分析和定性分析结合为一体，还弥补了企业外部环境和宏观战略对企业财务发展的负面影响，了解行业所处的行业环境和自身竞争优势，在注重财务信息的同时更全面准确地分析案例公司的财务与经营状况，在此基础上对企业未来的前景性和成长性进行评估。因此，哈佛分析框架主要分成四块内容：战略分析、会计分析、财务分析以及前景预测。通过分析企业在发展过程中的战略优势和财务中的问题，可以及时发现企业的劣势，并对企业未来的发展做出预测和提出相关的提升建议。哈佛分析框架改变了之前的传统财务分析思维，相比于过去单一的财务指标分析，哈佛分析框架更全面、更具体，这一方法可以在一定程度上弥补传统财务分析的缺点。哈佛分析也使企业的会计信息反映更加真实，对企业的分析结果更为贴近实际，能比较准确地对企业前景进行预测。因此，这一财务分析的新工具逐渐被国内财务分析所引用。

---

① 韦克托·博纳德（Victor L.Bernard）、奎什纳·裴普（Krishna G.Palepu）、保罗·亨利（Paul M.Healy）。

1.2 财务报表的组成

1.2.1 资产负债表

资产负债表是体现公司一定阶段财务水平的会计报表。企业设置资产负债表是为了通过该报表反映企业的资产、负债和所有者权益金额以及构成情况，向使用者反映企业具备或管控的可用货币体现的经济资源的情况和主要的分布状况。依据"资产＝负债＋所有者权益"这一个基本平衡公式，按流动性强弱展开。由于不同形态的资产对企业的经营活动具有不同的效用和作用，所以对公司资产各自通过项目具体质量、资产结构质量以及资产总体质量等综合层面开展调研和评估，同时可以透视出企业短期偿债能力、长期偿债能力和利润分配能力等。这些均对分析者认识公司的运营水平、评估企业的管理水平非常有利，甚至能够借以评估公司规划的创设和开展情况。

1.2.2 利润表

用会计学上的术语，利润表可以解释为一个会计期间的企业经营成果情况汇总。通俗地说，利润表就是企业最终获得的利润展现，简化的公式就是营业收入减去成本费用。与资产负债表不同，利润表是一种动态的时期报表，主要是反映企业一定阶段的效益落实水平，开支损耗水平和通过这种手段统计而来的公司效益（或亏损）状况。利润表是针对"效益＝收入－费用"的主要联系而设置的。这个表所列出的内容能够全方位体现公司运营效益的重点来源以及构建，促进使用者合理评估净利润的品质和问题，促进使用者预估净利润的发展性，进一步进行合理的决策。

1.2.3 现金流量表

前文已经提到，现金流量表也是三大财务报表中不可或缺的一环，主要展现企业在实际运营活动中的现金收入和支出情况。上市公司的现金流量表主要包括三个大的方面：与经营活动相关的现金流、与投资相关的现金流以及与筹资相关的现金流。现金流量表的重点目标是体现公司运营过程中，投资行为以及募资行为等现金以及现金等价物所带来的作用。透过编制规律而言，现金流量表是根据收付实现制规律设置，把权责发生制中的盈利资讯转化成收付实现制中的现金流量资讯，使资讯使用者认识公司效益的"含金量"，为评估公司的支付水平、偿债水平以及周转水平，预估公司今后现金流量给予关键的依凭。

现金流量在经营期内，利益流出和流入无时无刻不在进行动态变化。其表现形式就像一条河流，在经营状况好时是涨潮期，其上流流入量大，下流流出也大，流经总量比干涸期大；在经营状况欠佳时，就像河流的干涸期，上流流入少，下流流出也就变少，总量较涨潮期也变少。企业卖东西、卖服务、卖资产等行为都会使上流流入增加，相应地，企业买商品、买服务、买资产也就导致下流流出增加。

1.2.4 所有者权益变动表

所有者权益是股东投入资本与企业运营积累的合计，是所有者投资、企业自身积累能力和企业发展实力的资本体现。所有者权益变化表是体现形成所有者权益的所有领域当期增删转化水平的报表，既涵盖当期盈利情况，直接并入所有者权益的情况，还涵盖和所有者开展资本交易造成的所有者权益的转化等，让报表使用者精准认识所有者权益增删转化的来源。

上市公司在披露定期财务报告的同时，也会披露所有者权益变动表。在上市公司披露的所有者权益变动表中，主要会公布六个方面的信息。这六个方面分别是净利润、直接计入所有者权益的利得和损失项目及其总额、会计政策变更和差错更正的累积影响金额、所有者投入资本和向所有者分配利润等、按照规定提取的盈余公积以及实收资本（或股本）、资本公积、盈余公积、未分配利润的期初和期末余额及其调节情况。

1.2.5 财务报表附注

通俗地说,财务报表附注就是对三大财务报表的解释和补充,其目的是帮助报表使用者更好地理解公司所披露的财务报表内容。经常阅读财务报表的读者会发现,大部分上市公司的财务报表附注的模式基本都相同,主要有三类:第一类是关于会计方法的说明,这一块包括企业采用的主要会计处理方法以及会计处理方法变更情况等;第二类是非经常性项目,这一块内容也不可忽视,有些企业的非经常性项目会对其利润情况造成很大的影响,读者需要加以重视;第三类是重要报表项目的明细情况以及期后事项等。

1.2.6 上市公司财务报表体系介绍

财务报表是会计要素明确计量的成果和全面性描述,会计规范中对会计要素明确、计量流程中所使用的所有会计制度被公司实际使用后会促进企业持续开发,体现公司领导层受托职责的开展状况。财务报表系统涵盖"四表一注",即资产负债表、利润表、现金流量表、所有者权益变动表以及报表附注,具体报表目录如表1-2所示。

表1-2　上市公司报表体系介绍

序号	财务报告	季报/半年报/年报	上市公司在规定日期内披露的财务报告
1	审计报告	季报/半年报/年报	会计师事务所出具的审计意见对无法在这些报表中披露的科目进行阐述
2	资产负债表	季报/半年报/年报	反映企业在某一特定日期的财务状况的会计报表
3	利润及利润分配表	季报/半年报/年报	体现企业在一定会计阶段的运营成果以及全面效益的会计报表
4	现金流量表	季报/半年报/年报	体现企业在一定会计阶段中的现金以及现金等价物流通情况的跨级报表
5	所有者权益变动表	季报/半年报/年报	反映构成企业所有者权益的各组成部分当期的增减变化情况的报表
6	财务报表附注	季报/半年报/年报	财务报表制作者对资产负债表、损益表和现金流量表的有关内容和项目所作的说明和解释
7	补充资料报表	季报/半年报/年报	本领域是主表的附注，是对会计报表中所列类目进行的阐述和对未在这些报表中列出的类目的说明。
8	有关科目明细表(1-7)	季报/半年报/年报	
9	销管费用表	季报/半年报/年报	
10	财务费用表	季报/半年报/年报	
11	利润计算表	季报/半年报/年报	
12	成本计算表	季报/半年报/年报	
13	产销存报表	季报/半年报/年报	
14	在建工程表	季报/半年报/年报	
15	相关税费统计表	季报/半年报/年报	

1.3 快速读懂财务报表的方法与技巧

1.3.1 货币资金和债务的分析技巧

众所周知，货币是商品交换的产物，它从多样实物到单一金属，再变成多种货币，历经了很多次飞跃，而货币资金就是在生产过程中处于货币形态的资产，包括银行存款、现金等具有流动性的资产。货币资金在企业财务上是非常常见的资产，具有极强的变现能力，是企业维持正常运营的血液。

在企业日常运转中，货币资金是处理经济业务的基础，是平衡企业内外部财务关系的基石。没有货币资金，企业将难以维持运营，没有货币资金内部控制制度的企业财务控制容易失效，随时会发生财务风险。保证货币资金的内部控制是任何组织有效运行的关键点。现代财务管理制度中，内部控制的管理扮演着不可或缺的角色，而货币资金内部控制自身优点会让企业的管理效能发挥到最大。一个好的内控系统，是企业各部门之间高效协调的有力手段。资金内部控制能够帮助企业高效运转，企业在组织核算的过程中会多次使用到财会记录的数据，货币资金成为企业随时可能爆炸的火药桶的风险也相应地随着内部风险机制有效运作降到最低。

1.3.2 存货与应收账款的分析技巧

存货是企业为满足正常生产和销售需要而必须持有的流动资产。它是一种不可或缺的经济资源，能给企业带来巨大的经济效益。每个企业的存货都在资产份额中占据相当大的一部分，所以说企业对存货进行科学的管理是完全有必要的，同时存货管理亦影响着企业的收益，企业内部的存货管理水平直接决定着企业是否可以长远发展。存货在整个资产中占有很大比重，也是企业流动资产中最为重要的项目之一。可以说，存货是商品流通企业的精神支柱。一旦企业的存货规划和控制出现问题，企业正常的生产经营活动就会受到巨大的负面影响。

1.3.3 盈利能力的分析技巧

通俗地讲，盈利能力就是企业的挣钱能力，在财务报表中的主要表现形式为净利润、营业利润等。企业盈利能力的分析和评估一般基于资产、负债、所有者权益和业绩的组合，分析公司的各种营业收入、成本和薪酬指标，并从多个角度判断公司的盈利能力。主要指标是销售利润率、净资产收益率、成本和利润率。企业集团的盈利能力研究产生于19世纪末的西方国家，它的不断拓展完善主要是以财务管理的相关学说作为基础的。早期的研究主要是为了解决企业的筹资问题。随着对企业筹集资金行为的研究，学者们发现在交易过程中会产生额外的交易成本。科斯（Coase，1937）在《企业的性质》中第一次运用了"交易成本"这一名词，其认为随着公司规模的不断扩张，交易成本会上升，且这一上升是没有上限的。当规模的增加给企业带来的利益小于其带来的交易成本时，公司就会维持当前状态不再随意改变。在对百年来企业发展历程进行实证分析后，美国著名经济学家钱德勒（Chandler，1977）指出，对于需要的资源，如果在企业集团内部进行管理、调配所产生的交易成本要远远低于在外部市场上进行自由交易的成本，那么，相对于在外部市场上交易，企业更倾向于在内部进行管理、调配。

从现代企业管理角度来看，考察如何实现企业价值最大化，需要对企业的盈利能力与收益质量进行分析，找出其中的问题，提出解决的对策，从而实现企业盈利能力的提升以及收益最大化。公司财务管理制度是探究企业盈利管理制度的重要组成部分，考察公司财务管理制度时，必须考虑到现有经营活动中存在的薄弱环节和可能存在的风险，必须及时检查公司盈利能力与收益质量是否存在问题。企业的盈利能力水平不仅是企业的利益相关者做出经济决策时最重要的参考指标之一，也是企业日常生产经营活动中应该重点关注的经济指标之一。所以，如何获得一个企业真实的盈利能力水平的信息，并利用这一真实的信息做出正确的经济决策尤为重要。

总的来说，企业盈利能力分析有几个途径。首先，是从利润表分析公司盈利能力。一般来说，公司的利润多，代表公司的偿债能力强。所以，通过分析企业的利润表可以对其偿债能力做出初步判断。知道了利润是怎么得来的，我们就可以初步预测一家公司未来的利润了。净利润的预测包括两大块：一块是收入端的预测，一块是成本端的预测。收入端的预测包括经常性收入和非经常性收入，其中经常性收入是最主要的，简单说可以通过销售数量和销售单价两个方面来判断。利润表反映的是一个企业的经营概况，会省略一些中间信息。但是，如果这些中间信息是被刻意省略的，是带着特殊目的的人为操纵，可能会影响公司损益的真实性。

其次，从现金流量表分析公司盈利。企业对外偿付债务或者利息都必须用现金或者现金等价物，所以通过分析企业的现金流量表可以了解企业的债务偿付能力情况。现金流量表的作用其实是非常重要的，一家企业如果光有利润而没有现金肯定是不行的。现金流来路不正也需要质疑。运用现金流指标具体的分析思路，主要可以通过分析净资产收益率来展开。财务分析是发现企业盈利能力分析最根本、最有效的手段。净资产收益率是衡量一家上市公司是否具备长期的投资价值最有效、最重要的指标。从历史数据来看，净资产收益率在过去的十年中保持稳定，且平均值能达到或者超过10%的上市公司，其偿债能力的表现非常不错。

1.3.4 杜邦财务分析体系

1.3.4.1 杜邦财务分析法的来源

杜邦财务分析法从出现到现在，经过了漫长的变化过程，在这个流程中，它的使用范围愈来愈广，得到了源自世界所有国家的各个企业的赏识。杜邦财务分析法的主要作用通常体现在两个方面：第一是通过杜邦分析找出造成当前财务后果的原因，第二是进一步分析找出能够提升企业未来财务成果的方法。众所周知，21世纪市场环境条件下的企业想要达到的核心目的是使本企业股东财富最大化。因此，综合的财务分析体系可以分析判断企业关于生产、销售、经营是否切合当前实际。这对企业经营者来说是十分必要的。它不是以前企业财务分析时简单分析这个企业，而是提供了一种别开生面的财务分析方法，因此，促进公司更好发展，就要对财务方法进行不断改进，这样才有助于社会各界对企业加以监督检查。

世界知名企业美国杜邦公司的财务经理唐纳德森·布朗（Donaldson Brown），为了评定庞大的集团公司下属各企业的经营业绩，创造了杜邦分析体系。它可以系统地评价企业的财务状况、经营成果以及指标之间的相互作用。国外学者对于杜邦分析法了解很深，积累了丰富的经验。尤其是杜邦分析法下财务状况分析的研究成果，可给予我们许多借鉴。帕利普分析原则主要是将指标进行分解，从而展开分析企业财务状况，探索什么是导致财务指标变动的原因。

依照该体系：可持续增长率＝销售净利率 × 总资产周转率 × 权益

乘数×（1-股利支付率）。波士顿大学滋维·博迪(Zvi Bodie)教授提出并运用杜邦分析体系，通过与传统的分析体系作比较，给新的体系增加税收负担率和利息负担率，从而增加了所得税和利息费用的变动对权益净利率的影响。

1.3.4.2 杜邦分析法的概述

杜邦分析体系是对企业财务经营状况进行综合性分析的方式，杜邦分析可以体现出企业财务状况，可以评估企业的经营成果，通过财务比率指标构建相对完善的财务分析模型。杜邦分析体系是由杜邦公司创造的综合分析体系。该体系把公司的权益净利率作为研究中心，通过分层解析，找出各相关指标的影响因素，进而对该研究对象各方面的经营状况予以评估、审定。杜邦分析法在财务领域被广泛应用，更是成了诸多从事财务工作的人员对企业进行分析及评价的关键财务指标之一。

杜邦分析体系主要由两大部分组成：第一部分是对净资产收益率的分析。净资产收益率主要影响因素是企业总资产净利率以及权益乘数。总资产收益率是销售净利率与总资产周转率的乘积。净资产收益率主要可以体现公司销售与资产两方面，可以直观地计算出企业对存货的管理与销售现状。第二部分是对企业销售净利率以及总资产周转率的分析。企业需要通过净利润与销售收入之间的比值来计算销售净利率；通过销售收入与资产总额之间的比值计算总资产周转率。杜邦分析经过层层从上至下的剖析，使我们直接明了企业的经营状况和各财务比率之间的内在关系，并运用专业的分析方式对关键数据变化的组成成分进行计算比较，进而找到该研究对象经营过程中的不足与缺陷，并提出相应解决对策。

1.3.4.3 杜邦分析法各指标的计算

杜邦分析法主要指标的解释。（1）盈利能力，净资产收益率是杜邦分析系统的核心并且是其中综合性最强的财务比率。所有者投入资本的获利能力是它反映的,并且企业筹资、投资、营运等活动均由它反映。（2）偿债能力，资产负债率是影响权益乘数的一大因素。（3）营运能力，衡量企业应收账款周转速度及管理效率的指标主要是应收账款周转率。

由下图可知，杜邦分析法的源头是净资产收益率。对净资产收益率的拆分可以得到资产净利率以及权益乘数，进一步拆分可以得到销售净利率和资产周转率。

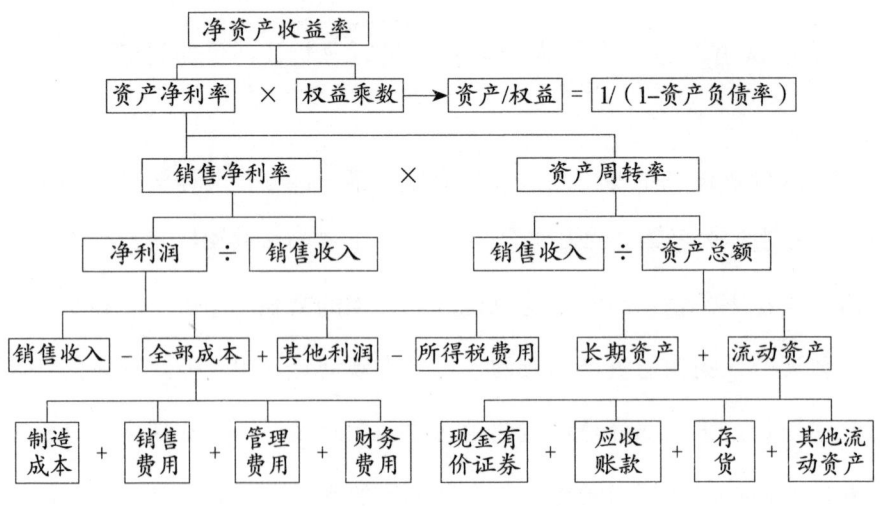

图1-1 杜邦分析图

1.4 财务报表分析方法

财务报表分析常用方法主要有四种：第一，比较分析法；第二，比率分析法；第三，因素分析法；第四，杜邦分析法。下面来具体分析这四种方法。

第一，比较分析法。比较分析法通过建立能够进行分析比较的关系来将数据链接在一起，进而发现它们之间的差异。第二，比率分析法。这种方法其实就是财务指标分析法，比如资产负债率、流动比率等的分析都可以成为比率分析法，这种方法可以对企业运营的各个方面进行分析。第三，因素分析法。该方法是指在几个相互联系的因素共同影响某一经济指标时，从数量上确定各因素变动对经济指标影响方向和影响程度的一种方法。第四，杜邦分析法。该分析法是美国杜邦公司首创的综合性财务报表分析方法。它将股东权益报酬率进行多层次的分解，根据不同的财务比率指标之间的内在关系，来解释财务指标变动的趋势和原因，用不同的数据和比率将一个关系体系融合在一起，整体分析企业的财务状况和经营成果，为企业未来的发展提供有力支持。

另外，还有哈佛分析框架理论。哈佛分析框架有效地结合企业财务报告的数据以及财务报告以外的数据进行分析。战略分析、会计分析、财务分析、前景分析这四大部分构成了哈佛分析框架。战略分析是哈佛分析框架的起点，分析者站在企业战略的高度，了解企业外部宏观经济环境及所处行业经济特征，把握企业的经营战略，充分认识企业外部的机会和挑战，同时认识企业内部存在的优势和劣势。会计分析建立在战略分析的基础上，分析和评价企业会计政策、会计估计及会计计量，同时确认它们是否符合现行的相关规定，评估公司财务报表数据的质量，有助于发现企业真实的财务状况。财务分析以会计分析为前提，运用财务数据分析企业过去和现在的经营状况。首先，对企业资产负债表及利润表进行分析，掌握企业财务状况和业绩。然后，对企业现金流进行分析，分析企业现金流的情况，为了解企业收益的质量以及对未来投资和筹资提供依据。前景分析是哈佛分析框架的结束，它基于上述三项分析对企业未来进行预测，分析企业未来可能遇到的危机，为企业发展方向和经营方针提供建议。

  财务报表分析最基本的功能，就是将大量繁杂的财务数据进行整理提炼，转化成对某些特定的信息使用者有用的会计信息，起到一定的参考作用。通常而言，财务报表分析主要有以下几个方面的作用：第一，通过财务报表分析能够评价会计主体目前的实际财务状况，可以很好地剖析企业的偿债、营运和获利能力；第二，通过财务报表的分析，可以找到当前影响企业发展较大的因素，企业管理层可以有针对性地改进工作；第三，通过对报表资料的解读，外部报表使用人可以根据分析结果权衡投资企业的价值，也能据此做出正确理性的投资决策。

第二章

快速读懂资产负债表

2.1 读懂资产负债表背后的秘密

资产负债表，指的是在固定的时期内（一般指会计期末）反映企业的资产、负债状况等的会计报表之一，该表采用平衡原则，把符合会计标准的资产、负债等具体划分为两大部分，然后再经历分录、转账等多个会计程序，最终形成该表。

2006年颁布实施了新的会计准则，该准则明确了资产负债表的含义：表示企业在规定的一段时期内的经营状况的一个会计报表。要注意它表示的是一段时期内的财务状况，包括企业拥有的经济资源、应当承担的义务、企业管理人员的权利等。通过对资产负债表的分析，我们可以知道在某一段时期内企业的财务状况及资源分配状况，还可以弄清楚企业的资产组成部分及企业的经济水平。不仅如此，通过分析资产负债表，报表使用者可以掌握企业的基本信息，为决策者提供决策依据。

2.2 资产负债表三要素

资产负债的要素主要有三大块，分别是所有者权益、资产、债务。首先，所有者权益是公司资产除去债务以后余下的权利，这一权益是归属于公司股东的财产总数，通常包括资本公积、实收资本、未分配利润和盈余公积四个部分。

其次，资产是由事项形成并且公司在一定日期里获得或者掌控的、以前的金额往来、预估会给公司带来财产效益的项目。财产应该依据可挪动财产和不可挪动财产两类分别在财产债务图中表示出来，在可挪动财产和不可挪动财产以下将按其性质继续划分。

最后，财产债务表中的债务是在特定日期里公司负担的、预估将会给公司流出经济利益的现状责任来反映。债务应该依据可挪动债务和不可挪动债务在财产债务表中表示出来，在可挪动债务和不可挪动债务分类以下按其性质进一步划分。

2.3 资产负债表相关指标

资产负债表指标主要包括总资产周转率、流动资产周转率、应收账款周转率和存货周转率。

第一，总资产周转率。企业总资产的周转情况主要是通过总资产周转率反映出来的，是企业销售收入净额与资产总额的比率。要是这个比率偏低，那就说明企业通过所有的资产来进行生产经营的效率比较差，公司获取利润的能力也比较差。通过看总资产周转率，企业可以采取相应的措施面对不同的总资产周转率，最终的目的还是通过提高资产的利用率从而让公司取得更高的利润和收益。

第二，流动资产周转率。流动资产周转率是指企业流动资产的周转速度。通常，流动资产的周转次数越多，就说明流动资产的利用效果越好，这样企业就可以用多余的流动资产做其他业务，充分利用资产，从而取得更高的利润。一般用流动资产周转天数表示流动资产周转率更方便，周转天数越长，周转速度就越慢，所以需要找出原因，想办法解决问题，看如何缩短时间，提高流动资产的利用率。

第三，应收账款周转率。应收账款周转率是反映应收账款周转速度的指标，是指一定时间内赊销收入净额与应收账款平均余额的比率。一般应收账款周转次数越多，就说明收回欠款的速度越快，企业管理工作的效率越高，有资金可以继续办理其他业务。通过应收账款周转率可以看出企业的应收账款的回款速度怎么样，可以适当地规避风险，避免产生坏账，提高企业资产流动性。

  第四，存货周转率。通常来说，存货的周转速度越快，存货占用的资金也就越少，把存货卖出去收到现金的速度也就越快，能减少财务风险，避免因存货成本过大担心卖不出去而造成公司损失。所以，存货周转率越大，企业的短期偿债能力和获取利润的能力也就越强。通过计算企业存货周转率，可以发现企业存货管理有没有问题，有什么问题，看这些问题出现的因素是什么，然后想办法解决或减少这些问题，尽可能地降低存货在资产中的占有率。以上是对一般企业的存货周转率的看法。但有一类企业并不适用这个说法，并非存货周转率越高，企业的情况就越好，说的就是白酒行业。我们都知道，白酒越是陈酿越香，越久越值钱。存货周转天数，对白酒而言，相当于是一瓶酒从原料生产到销售变现的天数。我们都知道，白酒讲年份，所以，周转天数是以长为好。

2.4 资产负债表中的财务杠杆及相关风险分析

财务杠杆作为会计学中重要的参照指标，能够一定程度上反映企业发展过程中的一些问题，而财务风险是企业中不可避免的一环，本书对财务杠杆进行简单分析，以了解财务杠杆和财务风险间的关系。我们无法做到完全规避风险，所以只有将风险尽可能降到安全指标内，寻找一套适合自身发展的经营方式，从而实现风险创造机遇的可能，使企业能够稳步发展。

2.4.1 财务杠杆的概念

杠杆的概念很广泛，专业领域不同，其意义和作用也有所差别。公园里的跷跷板，就是巧用了杠杆原理来承载物体重量。这种物理学中的借力方法，在生活中也很受大家欢迎。

会计学中，杠杆又分为财务杠杆、经营杠杆、总杠杆，一般我们用与之对应的财务杠杆系数、经营杠杆系数、总杠杆系数来表示。并且，这三种杠杆之间还存在着密切的联系，即总杠杆系数 = 财务杠杆系数 × 经营杠杆系数。本书将着重对财务杠杆作一定的研究。

对于财务杠杆的具体定义，国内外的学术界有着不同的见解，但归结下来，大概分为以下三点：第一，财务杠杆又称融资杠杆或是负债经营，其实不管是哪一种命名，都离不开对负债的利用，是企业通过资本结构决策时对债务筹资的运用；第二，财务杠杆分为正负两种效应，研究者认为财务杠杆是通过对企业资本结构的改变，进而在筹资中产生合理的债务，以此带来更大的经济利益，财务杠杆突出的是负债经营的结果，企业负债经营时，每股利润的上升代表正财务杠杆，下降代表负财务杠杆；第三，在现实中，企业的选择范围里包括了一些利率不定的债务，使得财务风险转变。在上文提到的两种概念里，财务杠杆更偏重于如何利用负债，而财务杠杆的损益只是不同利用方法后产生的结果。事实上不论如何定义，实质相差不大，前一种定义为财务学者进行研究交流提供了便利。

2.4.2 财务杠杆基本原理

财务杠杆在企业中应用最广泛的地方在于对贷款资金的利用，而且，财务杠杆对于合理调节普通股每股收益和息税前利润之间的微妙关系同样起到了不可替代的作用。在实际应用中，企业面临的最大问题无疑是在运营中如何才能合理有效运用财务杠杆，使其发挥最大效用。

由此可知，企业发生债务后就产生了财务杠杆。不管企业有怎样的经营状况和实际盈利水平，只要企业利用债券方式进行了融资，在负债水平不变且利率一定时，它要承担的债务成本也是固定的。这时，如果企业资本成本没有进行增减，那企业每股收益会在财务杠杆的作用下，因为息税前利润的增大而更大幅度地增长。并且财务杠杆在不同类型的企业里发挥的具体作用也大不相同。就算是在同一企业，处在不同的经营阶段，也会发挥不同的作用。在企业财务管理过程中，财务人员经常用财务杠杆系数衡量财务杠杆作用大小。想要企业快速发展壮大，获得更多利润，就得学会如何在经营管理过程中巧用财务杠杆，使得内部经营情况有所改善。

2.4.3 财务杠杆的衡量

之前我们介绍过财务杠杆在企业中的作用，而财务杠杆系数一般就是我们用来表达其作用大小的工具。当它数值越大，说明对企业作用越大，此时企业面临的财务风险也越大。定义式为：财务杠杆系数＝普通股每股收益变动率/息税前利润变动率 DFL=(△EPS/EPS)/(△EBIT/EBIT)。财务报表中，EBIT＝利润总额＋财务费用，其中企业的债务利息 I 又通过利润表中财务费用表示。

财务杠杆系数表示息税前利润变动引起普通股每股税后利润变动的倍数，又叫财务杠杆程度，根据杠杆的大小和作用程度，来评价企业财务风险大小，使企业筹资风险的大小能被正确衡量。

2.4.4 财务杠杆在企业中的作用

财务杠杆在企业中的作用主要体现在以下三个方面，影响企业的偿债能力、吸引投资者投入资金以及促进企业资本结构的调整。

第一，财务杠杆会影响企业的偿债能力。由于企业存在潜在风险，企业投资者也同时会要求更高的回报，所以当企业寻求的财务杠杆效应过高，则会改变企业的债务与资本结构的占比。此时若企业的偿还能力不足，债权人可能会要求更高的安全保障来维护自己的权益，而这种方式不可避免地会使企业的财务费用增多，成本支出变大。换句话说，只有企业保持合理的负债比率，不盲目举债，以合理方法应用财务杠杆，才能有效规避财务风险，实现财务杠杆的最大价值。

第二，吸引投资者投入资金。如今负债经营为现代企业所广泛采用，正如我们熟知的"资产＝负债＋所有者权益"，企业的正常运营不仅仅需要稳定的资金链和资产储备，更需要拥有对外的负债来维持经济天平的平衡。而谈到负债，则必须要谈到对外举债，其中在债务融资决策过程中有多种方式可供选择，可以向银行贷款，或选择债务融资、出售股票、公共债务等筹资方式。债务利息又是债务融资的主要成本费用，但因其有税前可扣除的资金金额，所以相当于减少了企业所得税的缴纳，这无疑给企业降低了成本，对于企业十分有利。如果选择了发行股票这一渠道，此时虽不需要还本金，但分配的每股股利都要纳税后再进行，其因发行股票的筹资成本仍会高于因借款而产生的筹资成本。

第三，促进企业资本结构的调整。财务杠杆对于企业的资本结构可以起到优化作用，即将企业的股权资本和债务资本重新分配，调整其构成比例。衡量一个企业经济实力的一个重要条件就是观察其资本结构的构成，即负债和股权的占比。债务融资很可能会影响企业的财务风险，这就要求企业财务人员更加注重调节负债资金在资本结构中的比例，从而降低因无法到期还款而产生的财务风险，将债务融资成本降到最低。企业的资本结构应综合考虑市场环境和国家利率政策等多个因素，适时调整到最优状态，以适应企业经营发展的需要。此外，企业还需要由管理层合理安排还款时间，避免因账务扎堆而使企业陷入财务困境，造成资金周转困难。

2.4.5 财务杠杆与财务风险的关系

财务杠杆系数的高低影响着财务风险的大小。但事实上，负债有短期借款、长期借款，能满足企业融资需要的有息负债；还有付账款，通过日常经营过程的商业信用产生费用的无息负债。我们熟知的财务杠杆与财务风险的关系只能通过有息负债来反映，一般金额很大，是财务风险的重要成因。财务杠杆系数越大的时候，如果息税前利润也跟着上升，那权益资本收益率就会更大幅度上升，财务风险也因之增大。下面的例子将有助于进一步理解两者之间的关系，具体如表2-1所示：

表2-1 权益资本净利率计算结果

项目	行次	负债比率 0	负债比率 50%	负债比率 80%
资本总额（万元）	①	1000	1000	1000
其中：负债（万元）	②=①×负债比率	0	500	800
权益资本（万元）	③=①-②	1000	500	200
息税前利润（万元）	④	150	150	150
利息费用（万元）	⑤=②×10%	0	50	80
税前利润（万元）	⑥=④-⑤	150	100	70
所得税（万元）	⑦=⑥×25%	37.5	25	17.5
税后净利（万元）	⑧=⑥-⑦	112.5	75	52.5
权益资本净利率（%）	⑨=⑧÷③	11.25	15	26.25
财务杠杆系数	⑩=④÷⑥	1	1.5	2.14

假定经营效益不佳，EBIT降为90万元，其他条件不变，具体如表2-2所示：

表2-2 权益资本净利率计算结果

项目	负债比率 0	负债比率 50%	负债比率 80%
息税前利润（万元）	90	90	90
利息费用（万元）	0	50	80
税前利润（万元）	90	40	10
所得税（万元）	22.5	10	2.5

税后净利（万元）	67.5	30	7.5
权益资本净利率（%）	6.75	6	3.75
财务杠杆系数	1	2.25	9

对比表 2-1 和表 2-2 结果可知，当息税前利润率是 15%（150/1000×100%）时，负债比率、财务杠杆利益、权益资本净利润三者同增。以负债比率 80% 为例，每当全部资本息税前利润率比负债成本提高（下降）1%，权益资本净利润率则会提高（下降）3.75%；在息税前利润为 90 万元，负债比率 80% 时，财务杠杆系数为 9，也就是说，如果息税前利润在 90 万元的基础上每降低 1%，权益资本净利润下降的速度是它的 9 倍之多，财务风险极高。此时想要避免损失，就只能放弃使用财务杠杆，使财务风险为 0。可是同样，在经营状况向好时，也不会得到财务杠杆带来的收益。

值得注意的是，财务杠杆与财务风险无法避免。首先，当企业正在扩张上升期时，需要大量资金注入，而自有资金的筹集数量有限，难以完全满足企业的需要。负债筹资的速度较快，适合企业所需，企业有了资金流入后就可以扩大规模，提高自身在行业内的竞争实力。同时，因为企业要在纳税前算出负债应缴的利息，按营业利润相同来假设，那么采用负债经营的企业缴的税要比没有负债经营还少，此时负债经营还能帮企业节税。而且债务资本产生的成本更低，所以扩张期的企业可以利用负债筹资降低成本保持企业资金正常流通。可是企业在发展过程中有很多不确定因素，所以借入资金也存在着风险；其次，资产在进行流动时才能再生收益，因此资金二次增值的关键一步是将其投入生产，若将资金闲置，在通货膨胀的情况下，资金不仅不会增值反而会贬值。所以在现实工作状况下，大多数企业通常会将闲置资金存入银行，供银行再贷给他人或企业来获取利息收益。

2.5 资产负债表分析举例

要想对资产负债表进行全面的初步了解，首先要对资产规模的大小、资产的来源以及资产的去向都了解清楚，然后再据此分析和评价使用的资产是否合理。接下来的一步，要进行纵向比较，比较各个年度的资产规模与负债情况，来整体把握企业的综合动态，对企业的偿债能力以及抗风险能力加以综合评估。

首先，我们从F汽车公司2016—2018年的资产负债表数据来看。在2018年以前的几年当中，F汽车公司流动资产一直在增加，只有2018年在减少。从资产负债表中可以得知，主要原因是应收票据、应收账款、一年到期内的非流动资产与以前年度同期对比出现大幅度下降。另一方面，2016年的非流动资产上涨了27.07%；2017年上涨了16.93%；2018年的非流动资产只上涨了2.51%。由资产负债表得出的原因是长期应收款减少，其他非流动资产减少。

其次，为进一步分析F汽车公司资产的缩减具体情况，以下为F汽车公司资产总额构成情况：

表2-3　F汽车公司资产总额构成　　　　单位：亿元

年份	2015年	2016年	2017年	2018年
负债	225.3	333.1	414.4	406.5
所有者权益	184.4	187.6	191.4	170.6
资产总额	409.8	520.7	605.8	577.1

从表2-3可以看出，2015—2018年这四年F汽车公司债务规模都比较大，占据了资产总额的一半以上，2018年一度占到了70.44%，所有者权益在资产总额中的占比也在不断下降，由此可以得出F汽车公司偿还债务能力比较弱。资产负债比率，是财务报表分析当中分析企业偿债能力的一项财务指标，从上表中不难看出，资产负债率在2015—2018年期间呈上升的走向，企业清偿债务的压力还是比较大的。企业经营中会不可避免地遇到各种各样的风险。资产风险是企业经营风险的一种，可以通过分析企业资产的结构与性质来初步了解，也是资产负债表分析中比较重要的一项。

表2-4　F汽车公司主要资产项目　　　　单位：亿元

年份	2015年	2016年	2017年	2018年
存货	25.99	44.69	49.87	54.09
应收账款	63.51	96.05	117.6	97.65
资本公积	33.35	66.7	66.7	66.7

F 汽车公司主要资产项目分析：F 汽车公司近四年的存货数量整体上呈上升趋势。综合资产负债表来看，F 汽车公司 2015—2017 年主营业务销量增长很稳定。F 汽车公司 2015—2017 年每年的应收账款数额都在增加，在流动资产中所占的比例也很大，说明 F 汽车公司应收账款的回笼速度相对较慢，资金周转不畅。由于其数目很大，所以对总资产的影响也就相对较大。2018 年应收账款金额减少，主要原因是 F 汽车公司旗下品牌某个业务受市场影响，导致销量锐减，从而致使应收账款减少。从表 2-4 可以看出，F 汽车公司近三年的资本公积都保持在 66.70 亿元的固定值不变。根据对 F 汽车公司 2015—2018 年的资产负债表中的主要项目数据进行比较分析，可以看出 F 汽车公司在这四年内的营业状况在整体上呈上升的走势。

2.6 资产负债表日后事项分析注意事项

其一，判断是否属于日后事项。无法准确区分调整事项和非调整事项的主要因素是没有详细地量化判断。由于我国实行的准则并没有对调整事项和非调整事项进行量化的辨别，两者之间缺少量化的相关标准，仅从概念或理论上指明其差异，这致使在实际操作中还是要依靠专业人员即会计的职业能力来对此进行区分和判断。由于每个会计的业务水平和理解判断的能力不同，因而作出的区分判断会产生一些差别。这些主观上的差别，极有可能在会计与审计之间引起理解上的差异，从而导致在核算资产负债时出现一些困难。如果会计准则中能够具体地体现出日后事项的区分方法，如用事项发生的时间和内容以及该事宜的重要程度等对调整事项和非调整事项作全方位的区分，就会避免一些实际操作中的困难。

其二，资产负债表日后事项涵盖时间不明确。在相关的会计准则中，针对日后事项的时间做出明确规定，即在企业年度资产负债表日至财务报表批准报出日。年度资产负债表日，是当年的12月最后一天即31日；财务报表批准报出日，是指经企业的董事会批准后财务报表报出的日期。对于已经上市的企业来说，年度报表的批示时间应该为第二年的1月至

4月的最后一天，因此上市企业的资产负债表日后日期应该在1月到4月期间。举例说明：某公司2015年的年度财务报告在2016年2月17日制成，于2016年3月18日经过专业的机构审计后得出报告，在2016年4月19日经企业董事会对该财务报告进行了批准并报出，那么该报告的实际的公布日期就是4月21日，那么资产负债表日后时期则为2016年1月1日至2016年4月19日。但是，有的时候出于一些原因，比如企业股东大会审议等情况使得董事会批准的日期与实质上公布的日期出现较大的时间差，如果在这个时间差中企业出现重大事项，并需要对财务报表进行相应调整抑或是展露，则企业董事会应对该报表重新进行批准。此时，日后的准确时间应为企业董事会重新批准报告报出后的时间。

第三章

快速读懂利润表

3.1 利润怎样才说得清楚

传统观点认为，会计收益又称利润或盈利。而 ACCA 则将其定义为：全面收益或总收益是某一主体在某一时期与非业主的当事人进行交易或发生其他事项所引起的业主权益（净资产）的变动。利润以权责发生制为基础，是企业经营的目的和动力，也是考核和比较企业利益的主要经济指标，具有可操纵性。

在广义上，盈余管理是指通过经营活动的管理获取利润目标，属于企业管理，通过选择合适的会计政策和制度，可以增加公司的利润，使公司价值最大化。

利润操纵与盈余管理的区别：（1）出发点不同。盈余管理能够使上市公司在合法的前提下，实现企业价值最大化；利润操纵是利用信息不对称原理，通过非法手段不当得利，仅上市公司管理层能够获利，其余信息使用者都是受害者。（2）是否符合法律法规。盈余管理可以根据不同情况，选择相关会计处理，但必须合法合规；利润操纵是指上市公司利用非法手段粉饰财务数据，欺骗信息使用者，以实现自身利益最大化，这是不合法不合规的。（3）不同的手段。盈余管理是根据实质重于形式原则进行合理的调整；利润操纵是利用非法手段粉饰财务报表，一些利润操纵方法看似合规，实则突破了政策的底线，是不合法的。（4）导致的结果不同。盈余管理能够带来声誉，提升企业价值；利润操纵会对市场造成不良影响。

3.2 利润的概念及其影响因素

3.2.1 利润的概念

利润作为反映企业经营绩效的核心指标,对评价一家企业具有重要意义。为了更好地对企业利润质量进行分析,我们必须对利润的含义有充分而准确的了解。

利润的本质是企业的盈利表现形式,利润又可以划分为会计利润和经济利润,两者既相互区别又相互联系。首先,是计算依据和定义的不同。会计利润是会计学上的概念,是由财务会计核算的,其确认、计量与报告的根据为会计准则(GAAP)或国际会计准则(IFRS)和公司会计准则。为了使会计利润真实客观地体现企业在一定经营时期内的财务状况和经营成果,要求企业在确认收入时必须严格遵守权责发生制,对成本和费用的确认也必须严格遵守收入匹配原则,而企业拥有自主选择会计处理方法的自由,前提是必须严格遵循会计八大基本原则。我们常说的会计利润俗称"账面利润",实际上是在企业总收入的基础上扣除显性成本这一部分后所得到的余额。其计算公式为:会计利润=企业总收入-企业显性成本。经济利润主要是指从经济学家的角度出发，把公司当作一个相对独立的主体，减去股东的投资和给股东的分红等要素，算出期末和期初净资产的差值。其计算公式为：经济利润＝总收入－显性成本－隐形成本＝会计利润－隐形成本。

其次，两者所服务的主体和适用范围不同，会计利润主要服务于企业外部使用者，如投资者，通过企业的会计利润来做出投资决策，其设立的目的也是客观地反映企业真实发生的经济活动，同时为向股东分配利润提供依据；经济利润则是主要服务于企业内部的经营管理者。管理者可通过研究企业当年的经济利润，分析企业所存在的问题并对企业所拥有的可供选择的方案进行评估和预测，从而做出更有利于企业的决策。由于会计利润可以全面地反映企业的收入、成本、费用，因此应用范围十分广泛，而经济利润则主要应用于企业的经营投资决策、企业兼并与重组方面，相对于会计利润来说，应用范围较窄。

任何事物都有两面性，经济利润和会计利润也不例外，都有不可避免的优劣势。这两者最主要的区别在于，经济利润相较于只以真实发生的交易作为核算依据的会计利润而言还考虑了机会成本。由于机会成本具有难以准确客观计量的特点，因此会计利润相比于经济利润来说，更能客观真实地反映经营情况，也从一定程度上降低了会计造假的风险。各公司的财务报表所涉及的利润数据，均以会计利润为基础。利润作为反映企业经营绩效的核心指标，对评价一家企业具有重要意义。

3.2.2 利润质量的概念及含义

出于吸引投资者、偷税避税等各种原因，企业所有者多会选择在利润上造假，因此利润质量也有优劣之分。利润质量是指企业利润形成过程的合规程度以及利润结果所反映的该企业在一定时期的经营成果和经济效益的公允程度、真实程度以及合规合法程度。利润质量也可以从两方面进行阐述：其一是利润信息的质量，也就是利润结果是否能够客观地反映企业的真实经营情况，即对公司过去、现在和将来创造经济价值的能力的可信性评估；其二是利润的来源，即评估公司自身是否具有持续、稳定创造经济价值的能力，这需要排除非经常性收入和支出的影响。

对于利润质量的定义，目前暂未有统一的观点，但对于其评价标准，已存在各种不同的观点，总结起来可分为以下三种评价标准：（1）利润结果的可靠性：财务报表中所列示的利润数据是否客观反映公司真实的经营成果，是否存在出于某种特定的目的，提供虚假数据，如编造未发生的交易记录误导报表使用者的情况。高质量的利润应表现为所列示的利润能够正确反映企业过去和现在的运营情况并正确描述企业未来的发展前景，从而使报表使用者做出正确的判断。

（2）资产运转情况：分析企业资产运转情况，可从资金资产和实物资产两方面来看。其一，我们认为，持续稳定的现金流入是企业保持良好运营情况的前提和基础，因此高质量的利润应表现为企业应收账款变现能力强，现金回流速度快。这不仅可以降低应收账款坏账风险，同时可以从侧面表明该企业的产品和服务具有一定的竞争力。其二，实物资产的高效运行，尤其是固定资产，如厂房、机器等，是企业自主造血能力的关键，因此高质量的利润应表现为企业所拥有的资产可以得到合理的运用，不存在或较少存在固定资产闲置和资产使用率低的情况。这一情况，我们可通过不良资产比率、应收账款周转率、存货周转率等指标进行解析。

（3）强调企业偿还债务的能力、支付股利和税金的能力以及购买能力。企业支付股利的能力又可以从侧面反映出企业的变现能力，是否具有充实的现金流来源。低质量的利润会导致报表中所列示的当年的利润较高，却无法偿还债务或并未进行分红这一矛盾的出现。

结合以上不同角度，分析利润质量应从利润的形成过程、构成、利润数据及结果等方面来分析。在保证利润结果真实可靠的前提下，还要考虑到利润的变现能力、持久稳定性、发展性以及是否具有支付能力、偿债能力，从而推断出该企业是不是存在操控盈利的可能性。

3.2.3 利润质量影响因素

首先是企业信用政策。宽松的信用政策，可以扩大销售，为企业带来更多的利润，但会产生较高水平的应收账款，这意味着坏账率的增加。过于宽松的信用政策，会导致企业出现表面经营状况良好，却没有充实的现金流来支持企业的进一步发展的情况。同时，由于销售收入没有带来现金流的流入，使账面利润和经营活动所产生的净现金流出现较大差异，降低了企业利润质量。

其次是企业资产管理水平和资产质量。企业资产管理水平和资产质量是指采用企业资产的变现能力和在未来被进一步利用的潜在价值作为衡量标准来评价企业的资产质量。在分析企业利润质量时，我们应关注企业的资产情况，如：落后的机器设备是否已进行淘汰、更新；正在使用的固定资产是否已进行正常修理、维护，以保证其使用寿命；是否存在透支使用固定资产的情况，以及为各个固定资产所选用的计提折旧的方式和使用年限是否与该固定资产目前情况相匹配，是否在合理的范围内。

3.3 利润表的内容

利润表主要由主营业务利润、其他业务利润、营业外收支、投资收入等四个方面组成。

在剖析公司利润质量时，我们首先要关注该公司的利润来源，再来分析各个组成部分所占总收益的比例大小。在分析企业利润来源时，应将主营业务收入与其成本当作重中之重。一方面，它能够当作公司盈利能力和经营效率的衡量标准；另一方面，主营业务利润，也就是我们通常所说的"自主造血能力"，是一个企业最持久并稳定的利润来源，是衡量一个企业主要产品或服务在市场上是否具有竞争力的标准之一。一个经营良好的企业，主营业务利润所占比例应远远大于其他部分所占比例。否则，我们将怀疑这个企业花费大量时间和精力去经营的产品在市场上不再具备竞争力。高质量的利润应表现为企业利润主要来源于经常性项目，且所占比重较大，而非经常性项目所占比重较小，这说明企业具有较强的价值创造能力。

3.4 新收入准则的影响

随着经济的不断发展,各个行业的业务类型逐渐复杂化、多样化。旧的收入准则已经不能适应新环境下的交易事项。因此,对于实务中提高收入信息的准确性、完整性和可比性,完善收入信息的确认、计量和列报等问题引起了广泛的关注。2017年7月,新收入准则的制定,对各行各业均有重大的影响。

收入是衡量企业经营成果的重要指标,也是投资者选择投资所参考的重要依据。在旧的收入准则下,收入确认时点没有清晰的界定,因此在账务处理过程中,人们对收入的处理大多数通过自己的主观判断,其财务报表缺乏可比性,也在一定程度上为财会人员提供了依据会计准则的漏洞来操控利润的可能性。随着我国与国际会计准则的逐渐趋同,我国在2017年进行了收入会计准则的修订。

对于财会人员以及投资者,我们要加强学习,理解新准则变化的背景和意义,对企业的收入加以重视,并且依据新的收入准则提高收入信息的准确性、完整性和可比性,完善收入的确认、计量与列报,为报表使用者提供有用的会计信息。

3.4.1 新旧收入准则内容的对比分析

第一，确认标准的不同。旧准则下，收入被划分为三种交易类型，并且以风险与报酬是否转移为确认标准，但是在企业中，风险与报酬是否转移并不好判断，有时，各个企业的交易类型一致，但处理方法却不一致，这使得企业之间缺乏可比性。然而在新准则下，统一了收入确认类型，并且以控制权是否转移取代了风险与报酬是否转移，另外规定了收入确认的五步法模型，为收入的确认作出规范的指引，提高了收入确认的准确性与可比性。

第二，确认时点的不同。旧准则下，销售商品是在某一时点确认收入，提供劳务、让渡资产使用权；建造合同是在某一时段内确认收入。但在一些企业中，特殊的交易类型划分标准并不清晰，导致其确认时点较模糊。新准则的制定，明确了某一时点与某一时段内确认收入的条件，首先判断是否满足某一时段内的确认条件，若不满足才归类为在某一时点确认收入，准则还将特殊的类型即委托代销与售后代管排除在外。

3.4.2 计量属性的不同

旧准则下，收入的计量属性是公允价格。而在新准则下，收入的计量属性是交易价格，对于交易价格还应考虑可变对价、合同中存在的重大融资成分、非现金对价，以及应付客户对价。如果一项交易涉及多项业务，应当将交易价格分摊至每一项履约义务，根据各个单项义务的售价比例分摊，并不局限于公允价值。

新准则除了规定一般的处理原则，还规定了八种特殊的交易类型，总结了各个行业的特殊交易。这些规定为创新行业以及新型行业的会计确认与计量给了明确的指引，使得企业的财务报表较为真实地反映了经济业务的实质，并且使得会计信息更加完整。

首先是主要责任人与代理人。企业在日常业务的处理中，如果有第三方的参与，就要辨别其所担任的角色是主要责任人还是代理人，这两种身份下的会计处理不同。主要责任人应按照应收的总价金额确认收入；而代理人应当按照佣金或手续费确认收入。企业应当根据其履约义务的性质判断代理人或者主要责任人。企业自己向客户履行义务则为主要责任人，企业安排他人为客户履行义务则为代理人。准则也规定了企业作为主要负责人的情况。

其次，还附有客户额外购买选择权的销售。简单来说，就是该客户对于这项选择权相对于其他客户而言所其享受的优惠较大。例如奖励积分活动。企业应当将该项选择权作为一项单项履约义务，确定选择权的单独售价，将交易价格在一项合同中本身购买的商品与该项选择权之间进行分摊。

最后，是客户未行使的权力。企业向客户预收的款项，应当将这项款项确认为负债，等到履行了相关义务时再按照客户行使合同权利的比例确认为收入。

3.4.3 列报与信息披露

第一，会计主体的相关判断。进行收入处理所选用的会计政策、收入确认时点或时期的判断、影响收入确认金额的重大判断，以及政策变更和运用方面的内容。

第二，与合同相关信息方面。主要指与客户之间合同的收入以及收入所涉及的类型确定、应收账款、合同资产、合同负债及合同取得成本方面的信息、关于履行义务的时间、重要支付条款等与履约义务相关的信息以及分摊剩余履约义务交易价格方面的信息。需要注意的是，当履约合同所涉及的权利大于义务时，主体应当在财务报表中确认合同净资产；当履约合同所涉及的权利小于义务时，主体应当在财务报表中确认合同净负债，当存在一项无条件收取价款的权利时应将其作为应收款项列报。

第三，披露的信息方面。披露因客户取得控制权与支付价款的间隔时间尚未超过一年而未考虑合同中重大融资成分的客观事实。

3.4.4 新收入准则的会计应用分析

下面，通过企业收入确定案例来对新收入准则做进一步阐述。本案例中收入的确定主要分为四个步骤。

第一步：识别与客户订立的合同。企业与客户之间签订的合同，包括书面形式和口头说明等，只有在满足以下条件并且客户可以控制产品时才能确认收入：（1）已由负责合同的人批准并执行的合同；（2）该合同中明确规定了与货物转让有关的每个合同负责人的权利和义务；（3）与货物有关的转移条件清晰显示；（4）企业未来现金流量的风险、时间分布以及金额可以通过履行合同来改变；（5）企业通过对客户转让商品取得的对价有可能被收回。我们应该在考虑客户到期是否有偿还的能力和意图的基础上来判断对价是否收回。如果公司A为公司B建立生产线并在合同的第一天收到20万元，则公司A确定对公司B的行业进行过多投资会导致未来的投资失败。若有意支付，不符合应更换价格的条款，因此，公司A应赔偿20万元。

企业还可以合并同一合同的账户，前提是两份或多份合同的订立要在最近一段时间内或者是跟同一客户进行订立，且只需满足以下条件之一即可：（1）出于同一种目的的两个或者是多个合同的订立并形成商务套餐；（2）合同中考虑的金额以及其他定价或合并的影响；（3）合同已履行履约义务。例如，一家软件公司与张某签订了软件合同，与张某签订了管理咨询服务合同，并同意根据客户现有的系统操作来修改或定制软件，以适应客户的系统操作，为适应系统运行环境。当前，两个合同都可以视为履行义务。

第二步：对合同中的单项履约义务予以识别。我们在履行单项履约义务时，需要对商品和合同转让商品的承诺做出明确区分。例如，公司签署建筑合同并负责建筑物的整个建筑。可以将诸如设计、采购和建筑之类的个人服务与其他服务区分开，即由于个人服务是建筑合同，因此可以区分货物，但必须执行合同。

第三步：确定交易价格。在确定交易价格时，公司需要确定：1.折扣、绩效奖金、罚款等各种考虑；资产管理行业中常用的收费模型，及早完成建筑合同的补偿等。2.重大融资成分。例如，企业采用赊销并分期收款的方式销售商品。3.以易货形式考虑非现金，内部产品等用以换取生产设施。4.数量折扣引起的客户考虑。有两种确认方式：一种是把合同开始日的单独售价作为交易价格进行分摊并确认交易价格，这种方式主要用于处理多项履约义务；一种是合同开始日之后的单独售价发生的变化，这种方式则不需要进行分摊。

例如：2018年3月，A公司与B公司签订一份销售合同，向其销售甲、乙两种商品，甲商品的单独售价是800元，乙商品的单独售价是3200元，合同价款是3000元，规定在合同开始日起，就要对这两种商品进行交易付款，如果在不考虑相关税费的前提下，这两种商品的款项在月底就能够收回。

要求：做出A公司的账务处理并予以分析。首先，我们来分析例题：这一例题是一份有两个单项履约义务的合同，因此我们需要对合同价款进行分摊，甲商品分摊的合同价款为：3000×800/（800+3200）=600（元），乙商品分摊的合同价款为：3000×3200/（800+3200）=2400（元），会计账务处理如下：

借：应收账款　3000

　　贷：主营业务收入　甲商品　600

　　　　主营业务收入　乙商品　2400

这个例子是为了我们财务人员在对履约义务进行分摊时能够计算得

更准确，同时起到举一反三的作用，也就是说，我们可以对一种商品的收入进行分摊，也可以对多种商品的收入进行分摊。

第四步：履行各单项履约义务时确认收入。企业要通过区分期间履行和时点履行来确认单项履约义务的收入。如果企业产生的经济利益被客户获取，有权使用和行使控制权，或者企业不再享有已履行的约定义务，我们可以将其视为该期间的履约义务。例如，我们为客户提供房地产清洁服务，为客户的土地提供厂房建设服务，并生产定制设备，而时点履行义务就是客户有对企业进行对价付款的义务、客户已收到了企业给客户的商品，并有权对它施行管控，间接地说就是控制权是否转移，如果已转移，则应该确认为时点履约义务，否则，不能确认。

3.5 利润表分析举例

表 3-1 为 X 公司 2014—2018 年五年间的利润表，是比较典型的利润表形式。

表3-1 2014—2018年X公司利润及利润分配表　　单位：万元

项　目	2014年	2015年	2016年	2017年	2018年
一、营业收入	59,629.30	70,126.72	78,396.13	71,312.33	72,238.02
二、营业总成本	54,808.54	61,894.35	67,525.32	64,738.08	65,693.42
其中：营业成本	42,398.01	48,116.98	53,493.82	49,176.03	49,354.83
营业税金及附加	429.91	471.27	436.58	465.58	534.16
销售费用	8,981.80	10,110.89	10,305.89	11,177.27	10,969.25
管理费用	1,771.09	1,533.39	2,165.14	2,602.47	3,108.47
研发费用	1,377.44	1,528.76	1,215.14	1,319.28	1,430.31
财务费用	6.62	116.16	-112.66	16.92	21.22
资产减值损失	-156.32	16.90	21.39	-30.34	259.38
三、营业利润（亏损以"-"号填列）	4,820.76	8,232.38	10,870.81	6,574.24	6,544.60
加：营业外收入	579.16	147.18	334.75	117.24	327.71
减：营业外支出	78.16	56.13	24.58	35.37	165.71
四、利润总额	5,321.76	8,323.43	11,180.98	6,656.11	6,706.61
减：所得税费用	1,073.71	1,490.03	1,850.25	1,202.06	1,140.21
五、净利润	4,248.05	6,833.40	9,330.73	5,454.05	5,566.40

从表3-1的数据可以获得如下信息：2014—2018年，X公司营业收入从2014年的59,629.30万元，增长到2018年的72,238.02万元，增加了21.15%，年均复合增长4.23%；经计算，除2014年毛利率在28.90%以外，其他的4年，X公司的毛利率都稳定在31.50%的水平；而X公司的期间费用从2014年的10,759.51万元，增长到2018年的14,098.94万元，增加了31.04%，年均复合增长6.21%，略快于收入的增长，主要是用工成本上升导致。

由上述数据可以获得如下信息：首先，X公司近五年的增长较缓，低于国家GDP的增长速度，值得公司经营层关注；其次，X公司近五年的毛利率一直维持着一个较高的平稳水平，说明X公司盈利能力强势。

3.6 利润分析注意事项

利润以权责发生制为基础，是企业经营的目的和动力，也是考核和比较企业利益的主要经济指标，具有可操纵性。因此在分析利润表时需要注意以下几个方面。

首先，需要加强对收入的分析。收入分为两类：一是主营业务收入，反映了公司的营业能力；二是非主营业务收入。如果一个公司的主营收入占比很低，而利润却很高，那就要注意深入研究它的财务报表的附注部分，对其非经常性损失的构成加以深入分析，并且合理计算并分析扣除这项损失后的利润，从而判断其利润来源的可靠性，判断其是否有通过其他收入来增加利润的可能。另外当收入存在疑问时，就需要对上文提到的应收账款和收入及费用的确认时间作详细的分析，这两方面也是通过调整收入达到虚增利润目的的常用手段。部分上市公司财务造假就是这么做的，所以每一个经营周期都应对其收入加以审查，以此来防范其利润操纵行为。

其次，需要加强对关联交易的分析。加强控制管理关联交易也是防范上市公司操纵利润的对策之一。对关联交易进行管理，应该对其加以具体详细的界定，正因为我国现在没有比较完善的相关规章制度，证券市场的发展并未完全同步,这使得投资者不能第一时间对证券市场上关联关系的延伸和变化做出反应,也令政府管理部门判断不清,无从下手,没有可以参照的依据去进行管理,对关联关系加以确认。正因为我国没有明文的规定,导致一些应该被判定为关联方的个人和组织没有被判定为关联方,这就很容易产生利润操纵的情况。为了防范这一点,就需要加强对关联交易内容的披露和审计,就应该强硬要求上市公司在财务报表附注上详细地披露和叙述关联交易的相关事宜。同时,会计事务所也要严格地审核上市公司的关联交易的事项。其中,如果关联交易对公司利润造成较大的影响,事务所就应该对这项内容在审计报告内详细说明,还要特别关注关联交易的收款期限等。不仅要对关联交易加以审核,还要对非关联交易加以核查,但不用全部核查,主要审核对利润影响大的非关联交易,为的是杜绝公司明明存在关联交易却不把它确认为关联交易的行为,这能有效地防止公司捏造经济业务,更能有效地防范利润操纵行为的发生。

　　再次,需要加强对现金流量表的分析。利润质量的高低是综合判断的结果,包括把主营业务收入、投资收益和净利润与经营、投资、融资活动产生的现金流量进行分析比较,若企业长期现金流量小于净利润增长,有可能高于净现金流量的来自虚拟资产,则企业很可能存在操纵利润的行为。所以,应该对现金流量表严格进行审查,以此来预防利润操纵行为的发生。

　　最后,还需要加强对资产的分析。从上市公司的利润操纵案例中可以看到,其对长期股权投资不计提减值准备的行为就是虚增资产的行为。

所以，针对上市公司操纵利润的隐蔽手段就要加强对资产的审查。资产的审查，首先是对上市公司的虚拟资产进行审查，上市公司利润操纵中最容易操纵的地方就是基于虚拟资产的不稳定性。如果发现上市公司虚拟资产变动过大或者过快，此时需要关注财务报表附注，了解上市公司虚拟资产的确认和摊销所使用的会计核算方法，从各项明细中来详细检查。其次是对所有涉及资产减值准备科目进行审查，虚增利润的常见手段就包括少计提或者是不计提资产减值准备，同时还需要分析应收账款的备抵坏账准备这一科目，利润操纵经常用的方法中就有调减坏账准备。最后是需要分析企业资产重组的情况，资产重组是对企业资产状态的重新组合，对企业利润会产生重要影响，需要特别予以分析。另外，资产折旧方式也是操纵利润的重要方式，通过比较历年固定资产折旧额，可以判断企业是否为了特定目的临时改变资产的折旧方式，从而对利润操纵加以识别。

第四章

现金流量表

除了更加关注资产负债表和损益表外，企业还应该关注现金流量表。现金流量表可以更直观地反映公司的现金流入和流出。结合三份报表可能会更全面地了解公司的整体运营情况。现金流量表中经营活动产生的现金流量有一些问题，这些问题可用于了解有关公司资金管理的更多信息，例如利润增加了，但来自经营活动的现金流量正在减少甚至净流出。这个问题，可能是由公司增加销售造成的，通过增加应收账款，然后美化收入，同时忽略应收账款状况不佳所带来的风险，减少现金流入；也有可能是由于公司库存大幅增加，产量扩张或价格上涨，批量购买库存忽略了库存折旧的未来损失以及成为最终产品的成本。这样做的公司，无法长期维持其业务。为了增加收入和账面利润，它忽略了现金流不是企业生存的真正基础。由于公司活动的性质，它必须能够从经营活动中产生净现金流入。现金流量表基本上总结了公司中发生的所有业务活动。三项业务活动，其中融资活动和投资活动的现金流量为正，公司业务效率、财务状况良好，融资能力强，公司经营产生的现金流为流出。如果三个净流量之和小于零，则表明公司本期偿还债务较多，有必要改变债务结构，平衡债务还款期。

4.1 认识现金流量表

4.1.1 现金流量的概念

我国在 2006 年重新修订了《企业会计准则——现金流量表》，对现金流量的新定义如下：现金流量是指某一时间段企业现金流入和流出的数量，即企业在一定会计期间以收付实现制为基础，通过一定经济活动而产生的现金流入、现金流出及其差量情况的总称。通常而言，公司现金流可分成三个部分：投资活动现金流、筹资活动现金流以及经营活动现金流。偿还债务、购买商品、购买资产、接受劳务、缴纳税款等都是影响企业现金流出的因素。此外，出售资产、出售商品、借入资金、提供服务等活动都可以给公司带来现金流入。这些活动，都和公司的运营紧密关联，同时和公司的净利润存在着很深的关系。

与现金流量相关的还有两个比较重要的概念：现金流速和现金流程。首先来看现金流速。企业的现金流速可以从微观角度和宏观角度两个方面来分析：一个方面反映了企业从开始采购到加工生产销售整个流程，资金的支出到回收所需要的周转天数。另一方面，企业的现金流速可以反映出企业整体资本的相对周转速度。一个项目，在现金流出后，如果在较短时间内有现金流入，表明这笔资金能够在一定时期内有效地多次参与资金循环，缩短资金占用时间，提高资金的使用效率。但是，如果企业投入过量的资本，则容易导致企业难以支付日常经营活动所需要的现金流量及债务资本。应收账款周转天数指企业从发生应收账款到回收款项的时间天数，该指标能够反映企业收回应收账款所需要的时间，可以衡量企业的经营能力。

其次是现金流程。现金流程主要指企业对现在或以后一定时期内现金流动的情况做出的预测和计划、执行和控制、评价和反馈。现金流程分析是着重分析企业的现金流预算与制度是否合理，评价现金预算和执行情况，当企业遇到现金流状况和预算不相符合的管理方法，特指不断修改直到调整现金流的健康运行。现金流程特指企业的资金从流入到流出的一整个过程与控制，这和企业关于现金流预算管理的具体情况息息相关。现金预算与编制、执行与控制、评估与反馈，直接影响着现金在一个企业的整个流程的合理性。

4.1.2 不同生命周期下现金流量的特征

企业生命周期理论是指企业自从成立之后，经历发展和成熟之后又逐步灭亡的历程。1959年，美国著名学者马森·海尔瑞（Mason Haire）发现生物和企业在一定程度上十分相似，于是赋予了企业生命特征，认为企业像生物有机体一样有固定的成长模式。最终，他得出了企业的生命周期性的特征。之后，哈佛大学教授拉芮·格雷纳(Larry E.Greiner)认同这一特征，将其正式列入经济学研究范畴，成立专门的研究团队进行分析，并顺利把"企业生命周期"这一概念列入教科书。迪金森（Dickinson）用一个全新的视角，把现金流的指标与企业所处的生命周期组合起来分析，开拓了经济学领域关于企业研究的新视野。处于不同阶段的企业，其经营目标和投资战略存在很大差异。通过对企业不同阶段的经营目标和投资战略的分析，可以判断出企业的资金筹集、投资活动等现金流优劣情况，同时也可以分析出与之相应的风险。现金流的组合可以完全反映资本的回收、资本的使用和企业投资战略之间的相互作用。另外，企业生命周期修正模型（Revision Model of Enterprise Life Cycle）在现今的研究中最经得起推敲，这一模型是由学者韩志成归纳的，他得出的四阶段理论，包括创立阶段（Initial stage）、发育阶段（Growing period）、结果阶段（Mature period）和消亡阶段（Extinction stage）。下面，我们来介绍目前四阶段企业生命周期下的现金流量的特征。

第一，创立阶段企业的特征。在创立阶段，上流的流入较少，主要还是依靠创立初期筹集资金进行基本维持，因为这个时期企业规模小，产品还不成熟，所以销售量较小，销售收入少了，经营现金流入就不多；再看看下流的流出，企业刚开始经营，在购置资产方面花费大，原料购进和人才引入所耗费的营业成本都比较大，总体支出大。这阶段上流的流入小于下流的流出，其表现为经营性净流量小于零，筹资净流量为正数，且投资净流量也小于零。

第二，发育阶段企业的特征。在企业发育阶段，由于企业总体发展情况好转，上流流入渠道变宽，直接导致企业销售收入增大，销售前景越来越清晰，这时，越来越多投资者看中企业的未来收益，愿意借钱给企业发展；同时，在保障经营平稳的情况下主营业务成本下降幅度变化不大，企业资金相对充裕，也就给了企业购进更多资产来扩大经营规模的机会。所以，这个阶段在现金流量表上的反映是：经营流量净额可能出现正数或者较小的负数，筹资也开始呈现为正数，且年涨幅逐步增大，甚至出现较大的正数，但是投资净流量仍显示为负数。

第三，结果阶段企业的特征。目前，上流流入非常大，主要是经营现金净流的流入；这个时候企业开始有些名气了，各方面也开始装备起来，融资方式更加多样化，融资量也比创立阶段和发育阶段大幅增长，但企业所承担的融资成本也会相应增加，由此导致资产负债率出现下降趋势。在此阶段，经营现金流入多为正数，而投资和筹资都呈现较大的负数。

第四，消亡阶段企业的特征。消亡阶段也就是市场需求与企业产销不匹配的结果。上流流入开始持续减少，当企业产品和服务无法满足市场需求，供过于求的情况会导致企业销售收入减少，如果企业不创新产品和服务，就会逐渐被市场淘汰。经营不良的企业也难以获得投资者的信赖，所以筹资开始进入死循环，导致资金周转困难。此时，下流流出也相应减少，主营业务成本开始逐渐下降。在现金流量中显示为经营活动现金流为较小的正数，而投资和筹资活动净现金流小于零的情况较普遍，此时现金流量显得没有规律可循，十分杂乱。

4.1.3 现金流量表构成

现金流量表主要是基于企业现金的财务状况变化的报表。基础是利用现金来进行编制，从中可以直观地看出企业在一定会计期间内现金和现金等价物的流入和流出状况的财务报告。要对企业的现金流量表予以分析，也应该对现金的概念有一定了解。在现金流量表里面，现金的含义是一种比较广义的概念。上市公司财报中的现金通常包括库存现金、银行存款、其他货币资金、现金等价物这几个方面。

现金流量表是财务工作中的三大报表之一，主要的内容包括正表和补充内容两大部分。正表是现金流量表的主体，企业在一定会计期间内的现金流量的相关信息主要由正表提供，结构上采用的是以报告的形式，来根据现金流量的性质，分别反映经营活动产生的现金流量、投资活动产生的现金流量、筹资活动产生的现金流量，其中还包括了各个项目的流出、流入总额及其净额。

4.1.4 现金流量表的作用

传统意义上的财务数据，并不能够准确地展示公司的财务状况。公司是否能够维持生存，很大程度上要根据实际现金流的大小来判断。相比于传统意义上的财务数据，现金流拥有着反映收益质量、评价现金获取能力、评价发展能力、反映偿债能力和评价财务弹性等优势，因此，现金流数据更可靠，可以为分析公司之后的财务状况提供有说服力的证据。

  首先，现金流量表可以真实展示偿债能力。在满足日常经营的现金流出后，现金流入如果不能足够偿还到期债务的本息，就代表着公司已经存在财务风险。很多利润可观、盈利良好的公司，事实上已经存在财务风险，更有甚者面临破产倒闭的问题，根本原因在于它们尽管账面有利润进账，但是缺少现金支付能力，或者根本没有能力偿债，导致最后破产。传统的速动比率和流动比率并不能对公司的短期偿债能力作出真正的说明，而且它还容易误导投资者和债权人，从而让他们做出错误的决策。现金的流动性最强，现金流数据比流动比率和速动比率在体现偿债能力问题上相对更谨慎，也能可靠地体现公司之后的支付和偿债能力。

  其次，现金流量表可以反馈盈利能力。应计制下收入与费用配比结果的会计利润难以真实反映企业的收益质量。有时收益虽高，但因为没有真正的现金流入，企业的财务状况依然得不到改善。同时，会计利润因为易被经营者操纵导致可信度不高。现金流的编制根据是现金制，不太可能被操控，因此，现金流与会计利润相比更能准确判断公司盈利的质量和公司给社会带来的价值，通过对现金流指标进行解析，能够真实判断公司收益的质量，可以让投资者和债权人对公司的财务状况的了解更充分全面，这也是全球特别重视现金流分析的最主要的原因。

  最后，现金流量表能够评价企业的发展能力。通过对传统财务指标解析无法准确判断公司之后的发展能力，但是利用现金流数据，通过对现金流等各项指标进行分析可以准确客观判断公司之后的发展能力。

4.2 现金流量表分析的具体内容

4.2.1 现金流量表分析概述

现金流量分析是对项目全生命周期所有资本活动的分析。现金流量表分析的内容有：经营活动、投资和筹资三项的现金流量结构、现金流量净额、现金流入流出比、每股现金流、偿债能力、利润含金量等各项指标。

现金流量分析的第一步是根据建设和生产的计划和资本计划计算项目每一年度的净现金流量，然后将年份和当年对应的现金流量依次列出。第二步是通过对每年的现金流量求和，画出现金流量的累积图。

从累积图中我们可以直接看到该项目累计净现金流量为零的年份，从而获得项目投资的回收期信息。另外，还能全面地表达项目的可行性、累计最大的净现金支出、总净现金流量和净现值等参数。

现金和现金流量的情况好坏，跟公司的生存和发展密切相关，特别在市场风险日益变大的当下，企业现金和现金流的重要性更为显著。现金流量表是基于现金的财务状况变化表，是中国现行财务报告系统的重要组成部分，其历史最早可追溯至1860年。现金流量表这一概念在西方国家的发展，大致可以分为四个阶段，在这四个阶段里现金流量表这一名称也几经更迭，最后才沉淀为"现金流量"。现金流量表分析，对于企业和投资者、债权人、政府部门以及其他报告用户都是必要的。利用现金流量表分析公司的财务状况，旨在利用现金流量表信息在企业财务分析和战略分析中的重要作用，为我们了解公司财务状况提供一种行之有效的方法。

4.2.2 三大现金流来源分析

企业产生现金流动的主要来源为资金的筹措，新的经营策略的策划和实施，以及投资，这种流动是动态的。具体以量进行计算时需要计算流出、流入和净流。现金净流量即现金流入与现金流出量合并计算后得到的数据。故而在实际运算的过程中，可能会出现正值、负值和零。现金流入大于现金流出时，企业现金增加，此时现金净流量为正值；当现金流出大于现金流入时，企业现金减少，此时现金净流量为负值；当净流量相抵为零，则说明现金流入与现金流出也就是现金流动达到一种相对的平衡。

企业获得现金流的渠道有很多，其中占主要位置的就是经营活动。一次真正意义上的现金循环包括：现金流入即产品的生产过程，生产完工以及后面的经营销售；现金流出产生在产品生产必需的材料购置和从事经营所需的固定资产，这些资金来自企业所收到的投入资本。人工费用、生产材料的损耗、生产所必需的材料存货的冗余都需要依托于产品销售所获得的现金流入来弥补。由于固定资产类似的长期资产服务于较长的周期而不单单是服务于一个会计周期,导致需要把补偿来源放在更长时间轴内的累计折旧、摊销手段上。充足的资金储备是企业及时更新生产设备的前提,而企业的固定资产更新又依托于此,如果无法及时更新会直接影响到企业的下一个周期的生产活动,从而导致现金流的主要来源被影响。无法持续获得现金流,会将企业置于一个影响企业生存的资产无法良性更新的恶性循环当中。

另外一个获得现金流的关键渠道就是投资活动,通过投资获得现金流动主要有两种方式:一是购买债券成为其他企业的债权人,从其他企业固定周期获得本金和利息等收入;二是凭借购买股票的方式成为其他企业的股东,现金流入就可以依托其他企业的股票股利。从长远角度来观察,企业原始的投资支出带来的现金流出恒小于该企业获得的利息总和等的现金流入。如果现金流管理行之有效,意味着企业能获得未来生产经营相关数据的直接信息,这可以为长期的投资出具一份可行性十足的评估结果。

筹募资金即使不归属于企业产生现金流的核心渠道,那它也是一个企业从萌芽、存活到开枝散叶蓬勃发展所必需的现金的核心来源。当一个企业处在发展期时,需要数目巨大的资金来进行生产设备的更新和参与生产人员的工艺和技能等素质的提高,从而扩大企业的发展规模。这是企业自有资金无法满足的。为了解决这个资金问题,需要通过外部进行债务筹资或增资扩股来填补企业发展过程中产生的资金缺口。所以,筹募资金不能成为一个企业产生资金的核心渠道，某种意义上来说还会成为企业将来需要面对的财务负担，而未来的现金流出会比筹来的现金流要大得多。仅仅依托筹资来应对企业日常经营需要的现金流是不现实的。筹资只能作为填补资金短板，满足企业发展扩张的一种应急渠道。

4.3 企业现金流量表的分析方法

4.3.1 比较分析法

对单一报表进行分析是非常有局限性的，因此为了获取更加准确的财务信息，我们常采用比较分析法。该分析方法通过将多个表综合起来共同分析，让我们获得比单表更加丰富的信息。比如结合资产负债表进行分析，这两种报表的比较和分析，使我们可以获得从单表分析中无法得出的一些结论。综合分析现金流量表和损益表，则可以通过比较现金流量与会计利润两者的大小关系对企业的利润质量进行测评。比如，当经营活动带来的现金流量大于会计利润，就代表该企业利润含金量高，会计收益较大。反之，则表示企业的会计利润有被伪造的嫌疑，抑或该公司存在应收账款未能及时到账的现象，致使公司利润含金量较低。

4.3.2 趋势分析法

基于企业历年现金流量表上的数据，可对不同时间点各项数据的增减变化情况进行分析，从而对公司未来财务状况趋势进行预判，为投资者提供投资参考，为经营者制定企业发展战略提供帮助。

4.3.3 比率分析法

在同期的现金流量表上具有经营活动、投资活动、筹资活动等各项现金流入流出数据，结合公司总资产的实际情况、总股本等各项数据，以此求出各项指标比率，从而为判断公司财务状况提供依据。比率分析法运用较为普遍的有两种：企业偿债能力的比率分析和财务弹性的比率分析。

4.4 现金流量表分析的意义

第一，能够预测公司经营的现金流量情况。进行一个项目的投资活动之前，投资人第一要考虑关于这个项目的内部收益率和资本的净利润这些指标，还得考虑投入的现金在几年之后能够收回的概率以及需要承担的风险大小。投资人需要公司有足够的现金流来支撑项目在将来能对投资人予以回报。因此，对公司未来的现金流量情况进行有效预判对于投资人来说非常重要。对现金流量表进行分析，可以帮助投资人对其作出较为准确的判断。

第二，评估公司债务偿还能力。经营活动产生的现金净流入基本上代表了公司自筹资金的能力。虽然公司能利用外部力量来融资获取资本，可是通过企业的经营活动来获取的现金流入依然是公司用来偿还其债务的最主要现金来源。基于此，债权人可以通过计算经营活动导致的现金流入量在公司总现金流入量中所占比例的高低，来对公司偿还债务的能力作出初步的判断。经营活动带来的现金流入是公司良性发展的根基，提高该项现金流入将使得公司的财务基础更加稳定，偿付能力和外部融资能力也将更强。

第三，提高企业战略管理的质量。基于对现金流量表的分析，可以从中获得企业所执行的发展战略信息，比如公司筹资量不断增加，可能在执行较为激进的扩张战略。基于类似的这种分析，可以加深我们对公司战略的理解。同样，基于对公司现金流量表的分析，我们可以对公司有更清晰、更全面的财务认知。

第四，通过分析现金流量表，我们还可以知道该公司报告期内与现金无关的投资及筹资活动。现金流量表不仅能披露经营活动、投资活动和筹款活动的现金流量，还能对不存在现金收入及付款的投资和筹资活动进行披露。

第五，分析期间的经营活动现金流量和净利润是什么原因导致的差异。公司在一个经营周期里面，净利润所创造的总和应等于清算结束出售资产和偿还各种债务后的净现金流入。在现金基础上，上述夸大的利润不能产生现金流量的增量。因此，可以有效减少这种人为会计信息失真的情况。

第六，利用会计报表信息消除通货膨胀的影响，减少投资人的决策失误。我们都知道，十年前的100元跟今天的100元是不等价的，这正是因为考虑了通胀的影响。如果不计入通胀，将会让公司的账面利润增大，从而给我们呈现虚拟的财务状况。公司账面利润增大，则公司需要交纳更多的所得税，并且公司管理层的薪酬与利润挂钩，同样会获得更多的公司利润，最终的结果是公司的资产被侵蚀。长此以往，将会使公司的账面利润与公司实际可支配现金的差额不断增大，最终引发公司的财务危机。投资人和债权人关心的是自己所持有的股票等资产在扣除通货膨胀因素后的折现能力。现金流量表可摒弃传统会计表夸大利润的缺陷，反映公司的真实现金情况，为企业经营者和投资人提供真实的公司经营状况。

4.5 运用现金流量表进行财务分析要注意的问题

4.5.1 报表分析的可比性

公司经营状况如何，既取决于其自身财务状况，也取决于外部宏观环境。宏观环境的改变，将会使得同样的报表所反映的公司状况截然不同。我们在分析报表时，往往需要对不同时期的报表进行时间维度的比较，此时我们就需要注意不同时期公司所处环境的差异，从而对报表数据予以校正，得到更加准确的分析结果。另外，财务报表还具有行业特性，例如房产公司的投资活动占比往往较小，而对于投资类公司，投资活动则是其主营业务。这说明我们在分析报表数据时需要结合行业特性，不能简单地通过各项指标的大小直接判定公司的经营状况。因此，我们在分析某公司财务报表时为其寻找对标公司，从而获取该公司的实际经营状况，例如在分析融创地产现金流量表时，如果能结合地产行业其他优质企业比如万科进行对比分析，才能对企业处于不同时期的财务状况作出更准确的判断。

4.5.2 报表分析的可靠性

通常而言，在三张财务报表中，现金流量表的真实性更为可靠。国内上市公司的现金流量表都是以收付实现制为基础编制的，而利润表则是以权责发生制为基础编制的。因此两者的编制方法决定了现金流量表的真实性更为可靠。当然，任何事情都不是绝对的，对于任何财务报表的分析我们都需要保持审慎的态度。

为了获取准确可靠的报表信息，我们通常需要在企业发布的年报中仔细筛选需要的数据和信息，切不可随意凭借网上搜索，以防报表数据导致我们对企业财务状况的判断出现偏差。

4.5.3 定量与定性分析相结合

现金流量表的定性分析，指的是分析公司各项活动带来的净现金流量为正还是为负，通过净现金流量数值的正负，可以粗略判断企业的现金流结构、财务状况和战略方针。例如，公司筹资现金流量净额为正，则表明企业还款小于贷款，但若此时投资活动净现金额又是较大负值，则企业投资流出较大，很可能企业通过加重债务负担在进行较高风险投资操作，这种战略虽然未来可能带来高回报收益，但也容易引发财务风险。定性分析正是类似此种通过三种经营活动的净现金流量正负值，单个指标或者多个指标结合分析，从而对公司的财务状况和战略方针作出初步判断，进而预估公司未来的财务状况。

定量分析则是对企业的偿债能力、利润含金量、每股净现金流、总资产现金回收率等指标进行计算，从而定量了解企业的还债能力、资产利用率等状况，进一步了解企业的财务状况，为企业的战略方针制定等提供指导。在进行现金流量表分析时，我们需要定性和定量相结合，才能对企业未来状况作出更加正确的预判。

4.5.4 报表信息的有效性

根据企业的历年现金流量表，我们可以分析其财务状况，但是企业的经营不仅受内部微观小环境的影响，也受外部宏观大环境的影响。因此，报表信息对企业未来状况的预判提供的是一种参考，其有效性并不能得到完全保证。

4.6 现金流量表分析举例

表 4-1 为 X 公司 2014—2018 年五年间的现金流量表，典型的现金流量表形式就如表 4-1 所示。

表4-1　2014—2018年X公司现金流量表分类情况　　　　单位：万元

项目		2014年	2015年	2016年	2017年	2018年
一、经营活动产生的现金流量						
经营活动现金流入小计		72,377.50	85,422.09	95,733.40	91,536.83	90,874.78
经营活动现金流出小计		70,541.29	83,780.89	92,441.45	84,773.42	88,118.59
经营活动产生的现金流量净额		1,836.21	1,641.21	3,291.96	6,763.41	2,756.19
二、投资活动产生的现金流量						
投资活动现金流入小计		5.99	7.03	18.56	10.81	2.98
投资活动现金流出小计		2,280.54	1,251.56	2,710.45	4,420.47	2,830.03
投资活动产生的现金流量净额		-2,274.55	-1,244.54	-2,691.89	-4,409.66	-2,827.05
三、筹资活动产生的现金流量						
筹资活动现金流入小计		3,000.00	6,000.00	5,000.00	—	—
筹资活动现金流出小计		180.83	6,025.16	6,303.02	5,112.19	—
筹资活动产生的现金流量净额		2,819.17	-25.16	-1,303.02	-5,112.19	—
四、汇率变动对现金的影响						
合计	总流入	75,383.50	91,429.12	100,751.96	91,547.64	90,877.77
	总流出	73,002.66	91,057.61	101,454.92	94,306.09	90,948.62
	现金流净额	2,380.83	371.51	-702.95	-2,758.45	-70.86
五、现金及现金等价物净增加额		2,380.83	371.51	-702.95	-2,758.45	-70.86
加：期初现金及现金等价物余额		813.49	3,194.33	3,565.84	2,862.88	104.43
六、期末现金及现金等价物余额		3194.32	3565.84	2862.89	104.43	33.57

首先，由表4-1的数据可以得知，X公司2014—2018年的公司现金总流入和总流出总体处于增长的状态，并且保持总体基本平衡的良好状态；具体表现为分别由2014年的75,383.50万元和73,002.66万元，上升至2018年的90,877.77万元和90,848.62万元。其中经营活动的现金流入流出波动不大，而投资活动和筹资活动现金流入和流出各期有一定的波动。这说明随着公司的发展，公司现金流量规模处于逐步扩大的状态。

其次，由表4-1的数据可以得知，X公司2014—2018年经营过程中，经营活动现金流入与流出的绝对额占现金总流入和流出的比重较大，且呈上升趋势，从2014年的72,377.50万元和70,541.29万元，上升到2018年的90,874.78万元和88,118.59万元；经计算，2014年经营活动现金流入和经营活动现金流出的占比从96.01%和96.63%，上升到2018年的100%和96.88%。投资活动和筹资活动现金流入和流出对总体现金流入与流出影响不大。

X公司2014—2018年这五年的经营过程中，现金流净额总值整体呈现出下降态势。经分析，经营活动产生的现金流量净额每年都是正数，且最大金额达到6,763.41万元，五年间经营活动产生的现金流量净额达到16,288.97万元；而投资活动产生的现金流量净额每年都是负数，且最大金额达到−4,409.66万元，五年间累计投资了13,493.06万元，反映出X公司为了提出市场占有率，不断追加投资；经营活动产生的现金流量净额超过了投资活动产生的现金流量净额2,795.91万元，使得X公司不用再举债用于经营和投资，且将银行借款在2017年予以归还。

由上述数据，X公司的现金流变化，可以得出如下结论：首先，经营活动的现金流入流出波动不大，而投资活动和筹资活动现金流入和流出各期有一定的波动，总体处于增长的状态，并且保持总体基本平衡的良好状态，这说明公司运营十分稳健；其次，经营活动现金流入与流出的绝对额占现金总流入和总流出的比重较大，且呈上升趋势，说明公司运营状态十分健康，现金流量充足；最后，良好的经营活动的现金流是X公司的竞争力，这使得公司可以为了提高市场占有率而持续投资；而在2018年X公司未向银行融资反映出资金充沛的同时，也折射出资本杠杆没有得到合理使用，可能会使公司失去发展的机会。从现金流的特征来看，公司2014年、2015年现金流量净额均为"+"，说明公司的造血功能良好；近五年的经营活动产生的现金流量净额足以支撑企业的现金流出业务，但近五年的投资活动、经营活动，近三年的融资活动净现金流量为负，导致公司现金流出较多，但总体现金流情况良好。

第五章

财务报表分析应用

5.1 财务报表分析的概念

财务报表由企业提供，也可以称之为企业为了履行社会责任，对投资者负责和对报表用户负责而提供的会计报表。具体点说，它是基于日常记账数据，并根据一定要求，按照规定的格式和方法来准备的。财务报表由多个报表组成，主要包括资产负债表、损益表、现金流量表、所有者权益变动表及其时间表和票据在内的一系列报表，构成了一个完整的报告系统。财务报表的分析应以企业现有报表为基础。根据提供的实际信息和可从其他相关渠道获得的实际信息，遵循各类报表使用人在进行财务分析时应遵循的一般规范，并分析会计实体的实际运营状况，据此作推定和判断。通过分析，我们可以更客观地了解企业的实际经营状况，并据此来预测企业的未来发展。结论可用于改进企业的实际决策，从而提高企业管理的效率。

财务分析是解释和分析企业财务报表所提供的数据的一种方法，其目的在于判断企业的财务状况和审查企业经营管理的得失以及找出企业经营管理的症结，并提出解决问题的办法。但报表上的数据不能直接说明企业的真实财务状况，尤其是经营状况、经营成果，因此，要进行报表分析。财务指标指处理报表上的数据后经过计算得到的加工后的新数据。对财务指标依据的选择要具有代表性、指示性，能够体现数据的可比性，因此，对财务指标依据的选择也要仔细斟酌，要注意数据选择的有效性，以保证得到的财务指标的真实性与可靠性。

5.2 三大财务报表分析的功能

财务报表分析的最基本功能,是通过固定的方法组织和完善大量复杂的财务数据,并将其转换为对某些特定信息用户有用的会计信息,以此作为减少不确定性的参考。

第一,通过财务报表分析,可以对会计实体的实际财务状况作出评估,并通过比较来衡量企业的经营绩效,找出影响因素。通过分析数据并对其予以处理,可以将其用于分析公司能力的三个方面:偿债、运营和盈利能力。

第二,通过分析财务报表和完善相关信息,帮助公司改善其管理实践。通过数据处理以及对财务指标的分析和理解,我们可以更清楚地了解企业的盈利能力。在此基础上,投资人可以分析特定的影响因素,揭示特定的链接以及目标发行公司的潜力。

第三,对报表资料的解读,有利于增强风险意识,实现理性投资。外部报表使用人通过解读资料,可以根据分析结果权衡投资企业的价值,也能据此做出正确理性的投资决策。

财务报表分析通过特殊的分析方法和手段,进一步细化处理财务报表中反映的信息，揭示企业各种业务活动和管理活动与企业财务状况之间的内部关系以及对企业内部财务状况的影响。根据企业的财务状况制定和实施企业的各种战略，以利于对企业整体作出更恰当的评估。

5.3 财务报表分析的方法

我们可以从两方面理解财务报表分析的概念：狭义与广义。狭义的财务报表分析，是仅仅以企业向外部透露的报表信息数据为主要依据，通过对财务比率的分析，确认判断企业的偿债能力、营运能力和盈利能力，并对相关项目进行有重点的质量分析。广义的财务报表分析，是在狭义的财务报表分析的基础上，再强调财务报表以外的其他信息来源，更加全面地制定企业的未来战略。

通常的财务报表分析方法主要有以下五种：第一，比率分析法；第二，结构分析法；第三，比较分析法；第四，趋势分析法；第五，因素分析法。

第一，比率分析法。与比较分析方法不同，此方法适用于报告的内部应用。它可用于分析企业的短期情况并快速找到缺点。

第二，结构分析法。该百分比形式用于揭示一些似乎与不同报表数据无关的结构关系。

第三，比较分析法。从字面上可以理解的比较分析方法，关键在于比较。建立关系以连接多个数据，进行比较和分析，并揭示它们之间的差异。报表中的数据只能解释问题，只能通过比较来判断利弊。从这个角度来看，比较分析方法是基本分析方法。

第四，趋势分析法。趋势分析法主要比较和分析不同时期的数据指标。在比较期间观察其增加和减少的变化，并分析数据以观察特定时间段内的变化。上升或下降以获得指标的趋势，继续向下钻取以查找导致数据变化的主要原因。

第五，因素分析法。因素分析方法的起点是一个相对全面的指标。

5.4 企业成长能力指标分析

企业成长能力分析主要有以下三个方面：第一，偿债能力分析；第二，盈利能力分析；第三，发展能力分析。

第一，偿债能力分析。偿债能力是指企业到期能够偿还债务的能力，偿债能力可以分为短期和长期两种，而不管哪种债务，到期都要用公司所获资产进行偿还，所以现金流量是决定企业偿债能力的一项重要影响因素，不但受经营状况的影响，而且与筹资能力也相互联系。因此，着手从企业经营活动产生的现金流量分析企业偿债能力更为客观，分析依据现金流量负债比率、总资产现金流量比率和现金流量利息保障倍数三个指标对公司偿债能力作出判定。

第二，盈利能力分析。盈利能力一般是指企业在一定的时期内获取利润的能力，企业在一定时期内的经营成果可以通过盈利能力来体现。与企业有关的利益相关人如管理人员、债权人、投资人及股东都无时无刻不在关注着企业的盈利。从企业发展的角度来看，一个企业生存的直接目的就是在能够维持企业正常稳定运营的情况下，最大限度地去谋取利润以保证长期发展。持续且稳定的运营发展是企业谋取利益的垫脚石，而不断地获取利润又是企业生存发展的最终目标和根本保障。

第三，发展能力分析。对于企业发展能力的分析实际上是对企业不断扩大生产经营能力的分析。企业可以通过增加利润收益或通过其他筹资方式来获取资金不断扩大生产经营范围。企业的发展能力，是指企业在未来有可预期的发展趋势与发展规模，包括企业生产经营范畴的扩大、产量与销量的增加、营业利润及所有者权益的不断增加等。企业发展能力受宏观大环境的影响，但企业营业规模、获现能力、产品市场占有率持续稳定增长的能力，同样能够反映企业未来的发展规模和发展状态。

5.5 财务指标

根据指标选取的全面性原则、代表性原则和相关性原则，本书财务分析指标主要从盈利能力、营运能力、偿债能力和发展能力这四个方面展开。

第一，盈利能力。盈利能力是指企业利用所拥有的资源进行生产经营，获取利润的能力，利润率越高，盈利能力越强，反之，盈利能力越弱。因此，盈利能力反映了企业的财务状况和经营绩效，对企业的发展至关重要。

表5-1 盈利能力财务指标选取

财务指标计算公式	分析说明
总资产报酬率 = $\dfrac{\text{利润总额}+\text{财务费用}}{\text{平均资产总额}} \times 100\%$	是指企业利用全部经济资源的总体获利能力
净资产收益率 = $\dfrac{\text{净利润}}{\text{平均净资产}} \times 100\%$	反映股东权益的收益水平
营业利润率 = $\dfrac{\text{营业利润}}{\text{营业收入}} \times 100\%$	企业经营效率的指标
总资产净利润 = $\dfrac{\text{净利润}}{\text{平均资产总值}} \times 100\%$	指公司每占用1元的资产平均能获得多少元利润
成本费用利润率 = $\dfrac{\text{利润总额}}{\text{成本费用总额}} \times 100\%$	指每付出1元成本费用可获得多少利润

第二，营运能力。营运能力是指企业对其现有经济资源的配置和利用能力，企业只有将其拥有的经济资源不断地投入生产运营当中，才能最大限度地发挥其资源的价值，为企业创造更多的收入。因此，企业的营运能力相当于企业的"造血系统"，资金周转速度越快，营运能力越强，就能为企业注入源源不断的新鲜血液，增强企业的活力。

表5-2 营运能力财务指标选取

财务指标计算公式	分析说明
应收账款周转率（次）= $\dfrac{营业收入}{应收账款平均余额}$	表明一定时期内公司应收账款转为现金的平均次数
存货周转率（次）= $\dfrac{营业成本}{存货平均余额}$	该指标越高，表明企业存货资产变现能力越强
固定资产周转率（次）= $\dfrac{销售收入}{固定资产净值}$	主要用于对固定资产的利用效率分析，比率越高，说明利用率越高，管理水平越好
流动资产周转率（次）= $\dfrac{营业收入}{固定资产净值}$	指一定时期内流动资产平均占用额完成产品销售额的周转次数
总资产周转率（次）= $\dfrac{营业收入}{平均资产总额}$	是综合评价企业全部资产的经营质量和利用效率的重要指标

第三，偿债能力。偿债能力是指企业偿还所有到期债务的承受能力或者保证程度。偿债能力越强，表明企业的经营和财务状况越好，投资人也更愿意投资企业的生产经营活动，有利于筹集到资金；反之，企业将很难筹集到资金，因为投资人会担心自己的资金无法按时收回，从而

有可能导致企业的资金链断裂等一系列危机。

表5-3 偿债能力财务指标选取

财务指标计算公式	分析说明
资产负债率 = $\dfrac{负债总额}{资产总额} \times 100\%$	该指标反映在总资产中有多大比例是通过借债来筹资的
速动比率 = $\dfrac{流动资产}{流动负债} \times 100\%$	是衡量企业流动资产中可以立即变现用于偿还流动负债的能力
产权比率 = $\dfrac{负债总额}{所有者权益总额} \times 100\%$	反映企业基本财务结构是否稳定，比率越低，表明企业自有资本占总资产的比重越大，资产结构越合理，长期偿债能力越强
已获利息倍数 = $\dfrac{财务费用+利润总额}{财务费用} \times 100\%$	用来分析企业在一定盈利水平下支付债务利息的能力，为负值时，没有任何意义
现金流动负债比 = $\dfrac{经营现金流量}{流动负债} \times 100\%$	该比率越大越能保障企业按期偿还到期债务

第四，发展能力相关指标。发展能力是指企业利用现有的生产经营活动和资金等资源使企业在未来得以协调运作，从而产生效益的能力。企业的发展能力不仅仅体现了企业与各利益相关方之间的协调，更体现了企业各财务能力之间的综合协调。对企业进行发展能力分析，可以帮助管理者更好地了解企业的经营状况和经济能力持续发展的趋势，有助于做出更合理的决策。

表5-4 发展能力财务指标选取

财务指标计算公式	分析说明
总资产增长率＝$\dfrac{\text{本期营业收入增长额}}{\text{期初资产总额}} \times 100\%$	反映企业本期资产规模的增长情况，是衡量企业发展的一个重要方面
营业收入增长率＝$\dfrac{\text{本期营业收入增长额}}{\text{上期营业收入}} \times 100\%$	反映企业营业收入的增减变动情况，衡量企业经营状况和市场占有率
资本保值增值率＝$\dfrac{\text{期末所有者权益总额}}{\text{期初所有者权益总额}} \times 100\%$	表示企业当年资本在企业自身的努力下的实际增减变动情况，反映了企业资本的运营效益与安全状况

5.6 财务指标分析案例

G 电器公司以其先进的技术、严格的质量控制、独特的销售模式和高效完善的售后服务而闻名。事实上，该公司整合了研发、制造、营销和服务等一系列功能。G 电器在国际业务上的权重很大，并且连续十几年保持着在中国国内市场的领导者地位。此外，鉴于他们在证券交易所和国际金融排名上的地位，选择这一家跨国公司做财务指标分析是有一定意义的。通过不同的方法，分析 G 电器 2014—2018 年的财务状况：盈利能力分析、流动性分析、偿债能力分析、营运能力分析、基于市场表现分析、现金流量变化分析。本章将研究的重点集中在 2014—2018 年。

接下来，本章将从盈利能力、流动性、长期偿债能力、营运能力、市场表现、杜邦分析七个方面来对 G 电器进行分析。

5.6.1 盈利能力指标分析

G 电器 2014—2018 年与盈利能力指标有关的要素如表 5-5 所示：

表5-5　G电器2014—2018年主要财务指标

年份	2014年	2015年	2016年	2017年	2018年	M公司2018年	H公司2018年
资产回报率	9.12%	7.81%	8.51%	10.47%	10.50%	8.21%	5.86%
股本回报率	35.37%	26.95%	30.00%	36.97%	33.07%	23.42%	19.18%
资本回报率	36.50%	31.71%	33.56%	39.74%	33.48%	19.84%	15.12%
销售毛利率	36.10%	32.46%	32.70%	32.86%	30.23%	27.54%	29.00%
销售净利率	10.35%	12.91%	14.33%	15.18%	13.31%	8.34%	5.33%

资料来源：G电器公司2014—2018年年报　H公司、M公司2018年报

首先来看资产回报率。资产回报率可以告诉我们，比如说一元的资产可以产生多少元的收益。同时，资产回报率可以用于同行业之间的比较，是杜邦分析中比较重要的分析元素之一。在不同的行业，这个数字会有很大的差异。一般来说，资产回报率大于5%将会被认为是个比较不错的数据，趋势应该是逐年向上的。如表5-5所示，G电器的资产回报率从2014年的9.12%，到2015年的谷底7.81%，随后到2018年10.50%的趋势，一直是逐年递增的。2015年的资产回报率有所下降，其中有一个比较重要的原因是当期的销售收入比较少。但是，整体来看，G电器的数据额还是比较乐观的。跟2018年H公司的数据5.86%和M公司的数据8.21%相比较，其数据是远远大于其竞争对手的。说明G电器资产的利用效率不错，总体呈现良好趋势。

其次来看股本回报率。股本回报率或净资产收益率，可以用来说明股东在这个企业投入一定的资本可以获得多少回报，同时，它还被视为

衡量管理层如何有效利用公司资产创造利润的指标。股本回报率要考虑同行业之间各个公司的比较，才能决定一家公司的数据和经营状况是好是坏。一般情况下，趋势应该是逐年向上的。如表5-5所示，G电器的股本回报率其实是一个波动的状态。2014年的数据为35.37%，到2015年数据大幅下降为26.95%。与资产回报率相同的是，这一次的降低也有主营业务收入下降的因素存在。2016年、2017年数据一直在上升，到2018年又小幅度下降。从G电器2017年和2018年的资产负债表的比较可以看出，未分配利润增加了约261亿元人民币，从而导致了所有者权益合计的金额大幅上涨，导致2018年的比率有所下降，但还是远高于同期同行业公司——H公司19.18%和M公司23.42%的股本回报率。从整体来看，这个比率还是很健康的，说明其公司的管理层已经很有效地利用公司的资产，为全体股东创造收益，其盈利能力较强。

再次来看资本回报率。资本回报率展示了一家企业息税前利润和当期使用的资本的比率。当期使用的资本，一般用全部的资产减去流动性负债的值，或者用长期的负债加上所有者权益之和。这个比率可以告诉投资人，无论是所有者权益或者长期负债类型，为一家企业投资的长期资金可以为自己赚取多少利益。这个指数越高，表明这家企业长期的资本利用率越高。不同的行业有着不同的资本回报率。同时，资本回报率相对较高的企业将会吸引更多的、更优良的投资。如表5-5所示，G电器的资本回报率的整体趋势和股本回报率类似，在2014—2018年之间的数据都是波动的。但是这个比率的数值一直表现得不错，始终都超过了30%。2018年的数据是33.07%，与同期的H公司的15.12%，M公司的

19.84%相比，一直表现得非常好。这个优良的指标，会大大吸引投资人对G电器的信心，甚至吸引新的投资人来壮大公司。这个投资人并不限于哪种投资人，包含了债权人和股东。

最后来看销售毛利率和销售净利率。销售毛利率，可以告诉使用数据的人，这家公司在花费了这些费用等成本之后可以获得的毛利润是多少。从表5-5中可以看出，该公司在这方面的比例比较稳定（36.10%、32.46%、32.70%、32.86%、30.23%），而竞争对手H公司略低，2018年数据为29.00%，M公司更低，为27.54%。这说明G公司有将销售收入转化为毛利润的较强能力，公司的管理非常有效，成本相对较低，利润相对较高，五年的数据非常稳定，成本管理也非常稳定。由此可见，公司的管理是非常高效的，而且盈利能力也非常可观。

销售净利率方面，这个比率反映了公司在考虑了所有经营和非经营费用后，将销售转化为最终利润的能力。有时候受销售费用、财务费用、管理费用等相关费用的影响，尽管公司规模扩张，毛利润大幅上升，销售净利润率也不会有很大程度的提高。从表5-5中可以看出，2014—2017年的数据是逐年上升的（10.35%、12.91%、14.33%、15.18%），然而到了2018年，销售净利率下跌到了13.31%。从G电器2017年和2018年的利润表可以看出，主要原因是G电器的主营业务成本大幅提高，数值大约为386亿人民币。然而，与同行业的竞争对手H公司的同期数值5.33%和M公司的8.34%相比，G电器的销售净利率还是很高的。这说明G公司在考虑了所有运营和非运营费用后，具备了将销售转化为最终利润的优秀能力。这可能是因为G电器拥有更好的公司管理和成本控制。总而言之，从销售净利率的数值来看，这家公司的经营状况十分乐观，但是，不得不当心的是，G电器应该注意控制公司的主营业务成本，防止盲目地利用企业的资源。

5.6.2 流动性比率分析

G电器2014—2018年与H公司、M公司2018年的营运资本如图5-1所示：

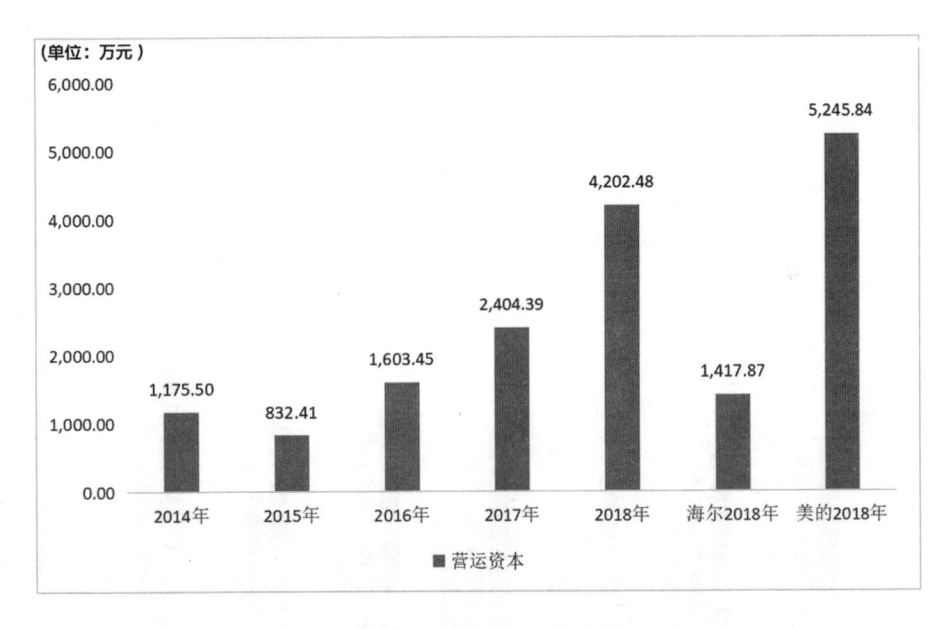

图5-1 营运资本对比图

首先来看G电器营运资本。营运资本也称为净营运资本，用来衡量公司的流动性、运营效率及其短期财务状况。如果一家公司拥有大量的营运资金，那么它应该具有非常大的投资和增长的潜力。如果公司的流动资产不超过其流动负债，则可能难以增长股东的财富或偿还债权人，甚至破产。公司拥有的流动资金越多，就越容易偿还流动负债，违约或者破产的风险也就越小。从图5-1中可以看出，在这五年中，G电器的营运资金大幅增长。2018年营运资金约为2017年的1.75倍，为2016年的2.62倍，是2015年的5.05倍，是2014年的3.58倍。这一大幅增长的原因是，虽然G电器的流动负债在这五年中不断增长，但流动资产的增长远远大于流动负债。同行业的竞争公司H公司2018年的同期数值是它的2.96倍。其数值远远超过竞争对手H公司，但是却比M公司的数值小了一些，约为它的80%，让G电器的流动负债的债权人拥有足够的信心，相信G电器可以到期按合同约定归还本金和利息。这样优良的数据，可以进一步吸引更多、更优质的短期资本的投入。

G电器2014—2018年与H公司、M公司2018年的流动比率、速动比率、现金比率如图5-2所示：

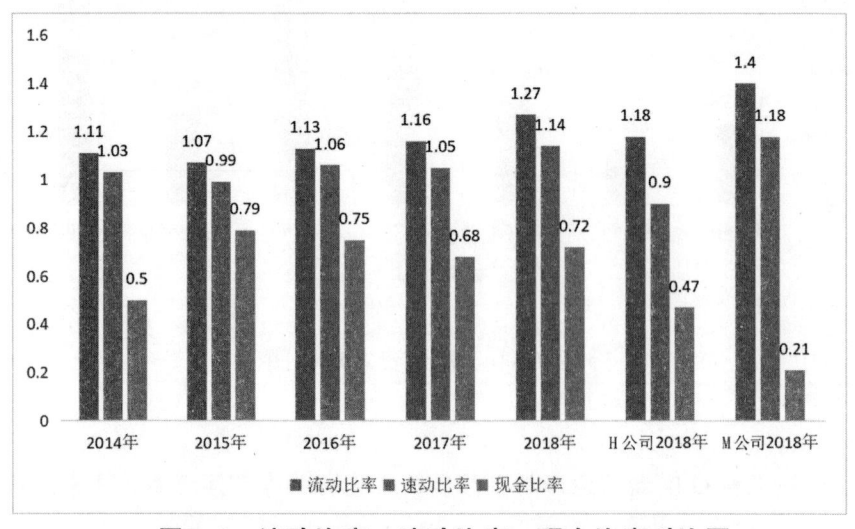

图5-2 流动比率、速动比率、现金比率对比图

其次来分析 G 电器流动比率。流动比率，衡量公司支付短期债务或在一年内到期的债务能力的流动性比率。它告诉投资者和分析师们，公司如何最大化其资产负债表上的流动资产，从而满足其当前的债务和其他应付款。如图 5-2 所示，G 公司目前五年的比率一直在 100% 以上，这意味着如果 G 公司的流动性资产有足够的变现能力的话，公司就有足够的能力用其来偿还短期债务。2014—2018 年，这一比例保持小幅增长，平均每年增长 0.04。与 M 公司的数值 1.40 相比小了一些，说明 G 电器的流动性没有 M 公司那样好。H 公司在 2018 年的比例是 1.18，与 G 电器的 2018 年比值 1.27 相差不大。同时，这个数据在本书研究阶段始终没有达到大于 2 的一般区间，一直是约等于 1。这个现象表明，G 电器的流动性资产在满足偿还流动性负债方面的能力较弱。因此，G 电器想要完全赶超竞争对手，就必须做出很大的改进。

再次来分析速动比率。速动比率是流动性资产减去存货的差除以流动性负债。这个衡量企业流动性的比率比流动比率更加保守。由于它表明公司能够立即使用其接近现金的资产（即可以迅速转换为现金的资产）来偿还流动负债，因此它也被称为酸性测试比率。酸性测试是一种旨在产生即时结果的快速测试，这个比率也因此得名。考虑到存货是公司维持经营的重要因素，本书使用速动比率来检测 G 电器的流动状况。速动比率可以消除存货的影响，速动比率衡量的是一家公司用其流动性最强的资产履行短期债务的能力。然而，G 电器的流动性这一指标结果并没有之前那样乐观。

如图 5-2 所示，在 2015 年，G 电器甚至难以用其流动性最强的资产来偿还短期债务。这种不安全的状况从 2016 年开始有所改善。G 电器 2016 年速动比率增长 7%，2017 年下降 0.94%，2018 年上涨 8.6%。G 电器 2017 年流动比率上升而速动比率下降的原因是，G 电器库存从 2016 年的 9,024,905,239.41 元大幅上升至 2017 年的 16,568,347,179.12 元。根据之前对流动比率的分析，G 电器 2016 年增长 0.06，增长率为 5.6%，2017 年增长 0.03，增长率为 2.7%。现在发现，这一较低的增长率来自其库存的大幅增长。这一现象表明，尽管 G 电器现在有能力用短期资产来偿还短期债务，但这种能力在 2017 年有所下降。不过，值得高兴的是，2018 年这个比率又大幅增长，达到了 1.27。由于这个比率除了在 2015 年，都大于 1，而 2015 年的速动比率，也可以看作约等于 1，这就说明了 G 电器的流动性还是比较良好的，仍有上升的空间。与 M 公司 1.18 的数值相比，G 电器数值略小 0.04，相差不大。而与同行业的 H 公司 2018 年的数据 0.90 相比，G 电器的速动比率数值非常好，有很大的竞争优势和被投资的巨大潜力，这也会吸引更多的短期投资者增加对 G 电器的好感，让银行更放心地给它短期贷款。

最后来看现金比率。现金比率，计算方法是用公司现金以及现金等价物之和除以其流动负债。该指标计算公司利用易于清算的现金资源偿还其短期债务的能力。现金比率是一种流动性指标，表明公司只用现金和现金等价物来弥补其短期债务的能力。现金比率比其他流动性比率更为保守，因为它把其他的资源，例如应收账款都排除在外，只考虑公司最具流动性的资源。如图 5-2 所示，G 电器 2014—2018 年的数据（0.50,0.79,0.75,0.68,0.72），先上升，后下降。2017 年的数据忽然跌到

0.70以下,可能是因为这一年的流动性负债从126,876,279,738.73增加到了147,490,788,889.61,增长率为16.25%。与其他年份相比,2015年的增长率为3.9%,2016年的增长率为12.65%,2018年的增长率为7.9%,增长率过大。所以,G电器今后仍应注意控制企业的流动性负债,以免造成企业难以偿还,或者付出很大代价才能偿还的情况。但是,G电器这五年的现金比率均高于H公司的2018年的数据(0.47)和M公司2018年的数据(0.21),这意味着G电器的现金流动性较H公司和M公司更好。但另一种可能性是:作为竞争对手的两家公司将更多现金用于投资,用来获取收益。

5.6.3 长期偿债能力比率分析

G电器2014—2018年与长期偿债能力比率分析有关的要素如表5-6所示:

表5-6 G电器2014—2018年主要财务指标

年份	2014年	2015年	2016年	2017年	2018年	H公司 2018年	M公司 2018年
负债权益比率	2.46	2.33	2.32	2.22	1.71	2.02	1.85
长期债务权益比率	6.01%	1.04%	1.04%	0.96%	0.90%	57.11%	44.36%
资产负债比率	71.11%	69.96%	69.88%	68.91%	63.10%	66.93%	64.94%
利息保障倍数	74.34	32.23	60.67	33.51	30.27	8.94	37.31

资料来源:G电器公司2014—2018年年报,H公司、M公司2018年年报

首先来看 G 电器负债权益比率。负债权益比率的计算方法是将公司的总负债除以总所有者权益。这些数字可在公司财务报表的资产负债表中找到。负债权益比率是企业融资中使用的重要指标，可以用于评估公司的财务杠杆。这个比率可以衡量一家公司通过债务为其业务提供融资的比率。更具体地说，同时也反映了股东权益在业务下滑时支付所有未偿还债务的能力。如表 5-6 所示，G 电器的负债权益比率这五年从一开始就逐年下降（2.46,2.33,2.32,2.22,1.71）。从 G 电器的报表中可以看出，G 电器的负债和所有者权益一直在增长，但是负债的增长速度小于所有者权益的增长速度。这个现象说明 G 电器对于自己企业未来发展所需要的融资重点有所偏移，越来越注重所有者权益所带来的资本收益。负债权益比率数值的降低，说明了这家公司无法偿还债务的金融风险不断下降。G 电器这五年的负债权益比率一直在下降，但每年下降的数值都不算太大。与 H 公司 2018 年的数据 2.02、M 公司 2018 年的 1.85 相比，G 电器 2018 年的数据略小，说明公司无法偿还长期债务的风险更小一些。

其次来看 G 电器长期债务权益比率。长期负债权益比率，是一个比负债权益比率更加保守的比率，计算方法是用长期负债除以企业的所有者权益。该比率提供有关公司如何为其核心业务提供资金的方式（通过使用股权或者债务融资）。这个比率的理想范围将取决于公司运营的行业，因为一些行业比其他行业利用更多的债务融资。作为投资人，他们往往想要寻找长期债务与权益比率较低的公司，因为不想承担高负债公司的风险。如表 5-6 所示，G 电器的长期负债权益比从 2014 年开始逐年下降（6.01%，1.04%，1.04%，0.96%，0.90%），这说明了 G 电器这个公司为了营运业务所采取的长期负债融资方式越来越少，进而可以得知，G电器的长期负债的风险也越低。与H公司2018年的数据57.11%和M公司2018年的数据44.36%相比，G公司的长期债务权益比非常低，也更安全。但是，企业也许可以考虑适当使用长期负债的方式来进行融资，从而达到某种程度上的避税目的。

再次来看G电器资产负债比率。资产负债率，定义了总负债和总资产之间的比率。这个比值越高，公司的杠杆就越高，所承担的财务风险越大。负债率可以反映融资贷款所占资产的比例和债务管理的过程，也可以解释债务的担保力。如表5-6所示，G电器的这一比例在2014年为71.11%，2015年、2016年、2017年保持相对稳定（69.96%，69.88%，68.91%），但是趋势是向下的，2018年这个数据又大幅下降为63.10%。这表明了G电器对待融资方式的态度，显然在逐渐下调通过负债的方式来接受投资，从而来发展和经营公司。与H公司和M公司2018年的数据66.93%、64.94%对比，G电器的资产负债率显然更低，这说明G电器的杠杆更低，所承担的财务风险更低。

最后来看G电器利息保障倍数。利息保障倍数，是将公司的息税前利润（EBIT）除以债券和其他合同债务的应付利息总额。这个比率表示G电器可以在息税前利润的基础上支付其利息费用的次数。如表5-6所示，G电器的利息保障倍数尽管有比较大的波动（74.34,32.23,60.67,33.51,30.27），但大体上看，确实呈下降趋势。从G电器的报表中得知，2014—2018年，G电器的息税前利润呈现为逐步增长的趋势（16,980,858,663.40,13,993,548,565.95,18,841,736,400.17,27

,436,024,338.60,69,944,762,681.21），利息费用也呈上升趋势（228,427,977.62,477,371,585.41,310,546,323.57,818,839,384.70,38,671,254,956.96）。虽然企业2018年的息税前利润大幅度增高，约为2017年的2.55倍，但是利息费用也大幅增高，约为2017年的47.23倍，所以2018年的数据还是维持在30.27，这说明企业靠有息负债来融资的能力很好，基本维持在30倍以上，数值特别好的时候还在74.34或者60.67倍。相对于H公司2018年的数据8.94而言，G电器的表现十分出色，能够吸引投资人以有息负债的方式来对企业进行投资。但是与M公司2018年的数据37.31的利息保障倍数相比，G电器保证偿还利息的能力还是更弱一些。

5.6.4 营运能力比率分析

G电器2014—2018年与营运能力比率分析有关的要素如表5-7所示：

表5-7　G电器2014—2018年主要财务指标　　单位：次

年份	2014年	2015年	2016年	2017年	2018年	H 2018年	M 2018年
应收账款周转率	61.08	35.28	37.09	34.33	29.32	15.72	14.07
存货周转率	8.10	7.31	7.88	7.78	7.56	5.80	6.37
总资产周转率	0.95	0.61	0.63	0.75	0.85	1.13	1.01

资料来源：G电器公司2014—2018年年报，H公司、M公司2018年年报

首先，G电器应收账款周转率方面。应收账款周转率，是一种效率比率，用于衡量企业在一段时间内将应收账款转为现金的次数。换句

话说，应收账款周转率可以衡量企业在一年中收取其平均应收账款的次数。这个比率是用来量化公司收集其应收款或客户拖欠货款的效益的会计指标。该比率可以显示公司使用和管理自己向客户提供的信贷的政策以及收取短期债务的速度。如表5-7所示，G电器的应收账款周转率从2014年开始呈现为逐年下降的趋势，可以表明公司的应收账款的收取效率是逐渐变低的，并且公司没有很高比例的优质客户可以快速偿还债务。更低比率也可能表明公司在向客户提供信贷方面没那么保守，比如说，G电器合同上的收款时间可能会有一定的延长。2015年，公司的应收账款周转率突然从61.08下降到35.28，从公司公示的报表中可以看出，应收账款的数据从2014年的2,661,347,628.69元上升到2015年的2,879,212,111.93，波动幅度不大，但是主营业务收入从2014年的137,750,358,395.70元到2015年的97,745,137,194.16元，数值大幅下跌。这个数据说明，G电器存在比以往更大的坏账风险，因此，G电器需要注意自己应收账款的管理和自己对客户的信贷政策是否可以继续使用。与同行业H公司和M公司2018年的数据15.72和14.07相比，G电器的应收账款周转率表现一直不错，其在行业内的竞争力还是不错的，信贷政策也相对保守。

其次，G电器存货周转率方面。存货周转率，说明了公司在一段时间内销售和替换其库存货物的次数。存货周转率提供了有关公司如何管理成本以及销售工作效率的洞察力。存货周转率越大，其利用存货产生的收益越大，效率更高，企业的变现能力越高。同时，存货周转率的数值越高，说明对存货的管理水平更高和管理方式更好，说明销售和采购部门之间更加同步。如表 5-7 所示，G 电器 2014—2018 年是个下降的趋势（8.10,7.31,7.88,7.78,7.56），但是，大体上来讲，差异并不是特别大。与 H 公司和 M 公司的 2018 年数据 5.80 和 6.37 相比，G 电器一直处于领先地位。

最后，G 电器总资产周转率方面。总资产周转率说明一家公司销售收入相对于期初和期末资产平均值的比值。这个比值越高，说明公司效率越高。相反，如果一家公司的资产周转率较低，则表明它没有有效地利用其资产来产生销售额。从表 5-7 来看，G 电器的总资产周转率从 2014 年的 0.95 开始，在 2015 年先下跌至 0.61，之后逐年上涨至 2016 年 0.63,2017 年 0.75，2018 年 0.85。从中可以看出，G 电器的总资产周转率的数值还是呈现不断小幅上升的趋势。但是，与同行业的竞争对手 H 公司和 M 公司 2018 年 1.13 和 1.01 的数值相比，还是略呈劣势。这说明 G 电器还是有一定的上升空间的，应该想办法提高自己公司资源的利用效率，尽最大可能地保障股东的利益。

第六章

资产负债表分析

6.1 偿债能力分析

6.1.1 传统偿债能力分析

偿债能力分析是资产负债表分析非常重要的一个环节，按照债务的期限通常可以分为短期偿债能力分析和长期偿债能力分析。适当举债来支持公司的经营活动，可以提高公司利用资金的效率，给公司创造更多的财富。但如果公司举债过多，到期不能按时偿还负债，那么公司就会陷入财务困境，导致公司信用大打折扣，甚至会面临破产。偿付能力分析是指分析和评估公司偿还各种短期和长期债务的安全的能力，一般来说，判断公司的财务状况是否合理，以及公司资产负债表中各项目的结构关系及其变化，首先要看短期偿债能力分析。这里包括用于评估企业的流动性及速动比率。

流动比率是衡量企业短期偿债能力的重要财务指标，流动比率是流动资产与流动负债的比值。对于大多数企业来说，当流动资产金额是流动负债金额的两倍时，是最优的资产结构。流动比率数值越低，说明企业短期偿债能力越差。当流动比率过低的时候，公司可能无法及时到期偿还债务，以至于破产。反之，流动比率越高，说明企业的短期账款偿还能力越强。但当流动比率过高的时候，这又表示公司持有的流动资产大多是不能盈利的，会造成资源的浪费。

速动比率是速动资产和流动负债的比值，速动资产是指公司在短期内可变现的资产。由于存货变现速度慢、部分存货可能已毁损报废尚未处理、存货估价可能与变现金额相距甚远，预付账款变现速度慢，一年内到期的非流动资产和其他流动资产金额有偶然性，不代表正常的变现能力，所以这类资产归为非速动资产。对于大多数企业来说，当速动资产金额等于流动负债金额时，是最合理的，当速动资产金额小于流动负债金额时，意味着公司可能会面临很大的偿债风险。

此外，还要看现金比率。现金比率＝货币资金／流动负债。现金比率最能反映公司立即偿还到期债务能力的高低，比上述两个指标更具说服力。一方面，它克服了速动资产没有考虑未来可能会产生的变化和未来的变现能力等问题；另一方面，债权人要求债务人实际用以偿还负债的通常为货币资金，而不是其他可偿债资产。现金比率是货币资金与流动负债的比值。当现金比率过高，货币资金留存金额太高时会导致公司机会成本增加。

再来看长期偿债能力分析。资产负债率不仅可以用来评价公司利用负债进行杠杆经营的能力，还可以使债权人用来评价发放贷款的风险等级。通常情况下，公司的资产负债率处于40%—60%之间比较好。公司的资产负债率越小，说明公司的长期偿债能力越强，经营越谨慎；资产负债比率越大，公司就会面对越大的长期偿债风险，但利润获得能力也会越强。

6.1.2 传统偿债能力分析

6.1.2.1 短期偿债能力指标分析的局限

流动比率、速动比率的局限性如下：假设基础不合理。现如今的偿债能力分析都建立在清算基础上，假设所有资产都可以作为偿还债务保障。实际上，企业的实际运营是以持续经营作为前提的；而可用来变现偿债的又不仅是这些资产；同时负债也不必全部偿还，需偿还的也不仅是账面负债，一些或有负债都会影响企业的短期偿债能力。

流动比率、速动比率忽略资产质量。许多资产暂无或失去变现价值，仍把它计入指标。货币资金流动性虽强，短期投资有跌价损失；一些不良资产，如长期积压的存货等计价基础不一致。计算流（速）动比率时，分母（流动负债）中的短期负债的计价较多采用到期值，而作为分子的流（速）动资产采用多种计价方式计价，比如现金、银行存款采用现值计价。

6.1.2.2 长期偿债能力指标分析的局限

资产负债率的局限性如下：与流（速）动比率一样，同样存在没有考虑资产的变现价值问题。资产总额中并非所有资产都可以作为偿债的物质保证。同样，负债中一些或有负债，如应付票据贴现、担保责任、未决诉讼事项，也影响着负债的账面价值。利息保障倍数的局限性如下：

只衡量了利息的偿付能力,而没有考虑本金的偿付能力,不够全面。对于长期负债,本金是一笔不小的数目。公司债务本金和利息是以流动资产而非利润支付的。现行指标从息税前利润出发,这样的结果导致无法合理地反映企业实际的利息偿付能力。因此,即使利息覆盖率小于1,一些公司也可以偿还其债务利息。

6.1.3 偿债能力分析指标的完善与补充

6.1.3.1 流动比率和速动比率分析指标的完善与补充

首先,我们在考虑流(速)动比率时不应仅仅考虑公司的可变现性,还应考虑公司的可持续性,同时应该注重研究可变现资产的质量。修改后的计算公式如下:

流动比率=(货币资金+交易性金融资产+应收票据+一年内可收回的应收账款净额+一年内到期的长期债券投资-专项存款-其他货币资金+存货净现值)÷(报表列示流动负债-预收账款+或有负债可能增加流动负债的部分)

速动比率=(货币资金+交易性金融资产+应收票据+一年内可收回的应收账款净额+一年内到期的长期债券投资-专项存款-其他货币资金)÷(报表列示流动负债-预收账款+或有负债可能增加流动负债的部分)

流动比率=改进后的流动资产全年平均值/改进后的流动负债全年

平均值。速动比率＝改进后的速动资产全年平均值／改进后的速动负债全年平均值。公司平均值＝[年初静态值／2+1—3季度个季末静态值+年末静态值／2]÷4。公司内部管理人员则可利用每月的资产负债表按月度计算出存货的平均值：全年平均值＝[年初静态值／2+1—11月份各月末静态值+年末静态值／2]÷12。其次，如不对其改进，可以把流（速）动比率与应收账款周转率、存货周转率结合起来评价企业的短期偿债能力。

表6-1 短期偿债能力评价表

指标名称	指标值			
流（速）动比率	高	高	高	低
应收账款周转率	高	高	低	高
存货周转率	高	低	高	高
评价结果	企业生产、销售正常，应收账款正常收回，企业偿债能力强。	企业应收的账款变现能力较强，但企业的正常生产、销售能力较差，产品长期积压，产品不能迅速转化为货币，偿债能力不容乐观。	企业生产和销售正常，但应收账款变现能力差。在应收账款占比例大的情况下，偿债能力较差。	营业周期短，资金周转速度快，无须储备大量存货，允许流（速）动比率相对降低。

另外，还可以补充部分指标，考虑一下公司在现金流方面的短期偿债能力。基于现金基础的现金流量比率指标可以更充分地反映业务活动产生的现金流量净额在多大程度上可以偿还。比率越高，偿付能力越强。

6.1.3.2 资产负债率以及利息保障倍数分析指标的完善与补充

首先是资产负债率。由于长期资产占用时间长，资金回收缓慢，一般采用所有者权益购买，用于购买债务的部分一般应在30%-40%，以不超过1/3为宜，最高不超过50%。

其次是利息保障倍数。为了弥补资产负债率的缺陷，使其可以衡量债务与利息两方面的偿还能力，可增设一下指标：到期债务本息偿付比率＝经营活动产生的现金流量/（本期到期债务本金＋现金利息支出）。该比率反映了企业在经营活动产生的现金是否足够支付企业的到期负债。该比率越大，公司到期债务偿付能力越强。如果该比率小于1，则企业的业务活动产生的现金不足以支付债务的本金和利息，并且企业需要筹集资金或支付资产以偿还债务。

6.2 营运能力分析

6.2.1 传统营运能力分析

企业营运能力的分析与评价是对公司资本周转的分析与评价,其目的是揭示企业的经营管理水平。企业各种资产的效率、营业额的速度,直接关系到企业的偿付能力和盈利能力,反映了企业的经营业绩。通过对一系列周转率指标的分析,可实现对企业营运能力的分析和评估。

一个企业的营运能力主要是通过看营运能力的内涵和主要的营运能力指标有哪些,以及营运能力所产生的意义是什么体现出来的。企业要想在瞬息万变的市场中站稳脚跟,就必须了解企业的营运能力,建立一个完整、恰当的分析体系,不断提高和加强企业的营运能力。企业只有提高自身的营运能力,才能从容不迫地面对市场带来的冲击和压力,从而实现自己的利益,达到企业的理想目标。企业的营运能力影响到企业的收益和企业资产的利用率。我们研究企业的营运能力是为了给公司带来更高的收益和利润,让公司更加稳步地发展,从而在市场中达到可持续发展。

与企业的营运能力相关的指标主要有：第一，应收账款周转率；第二，存货周转率；第三，流动资产周转率；第四，总资产周转率。

第一，应收账款周转率。应收账款周转率，是指一定时间内，一定数量的应收账款资金循环一次所需的循环周转次数，其数值为该企业的营业收入总额与应收账款平均余额（企业应收账款期初余额加企业期末应收账款余额的平均值）的比值。通常情况下，企业的应收账款周转次数越少或周转天数越长，表明企业的应收账款变现速度越慢，即企业的货款回收速度越慢，可能出现坏账损失的风险越高，并且资产流动性越差。计算公式为：

$$应收账款周转率=\frac{营业收入}{平均应收账款余额}$$

$$应收账款周转天数=\frac{计算期天数}{应收账款周转率}$$

第二，存货周转率。存货周转率的定义：在一定时间内，一定数量的存货所占金额循环一次所需要的天数或者循环周转的次数，其数值为企业的营业成本与平均存货余额的比率。存货周转率是衡量企业的销售能力和流动资产效率的一大重要依据，同时是能够衡量企业存货与企业销售能力大小是否匹配的一项主要指标。存货周转率和存货周转天数都能反映企业的存货使用效益。存货周转率计算公式为：

$$存货周转率=\frac{主营业务成本}{存货平均净额}$$

$$存货周转天数=\frac{计算期日数}{存货周转率}=\frac{存货平均净额}{平均每日销货成本}$$

第三，流动资产周转率。流动资产周转率的定义是：一定时间内，营业收入和流动资产余额均值的比重。流动资产周转率是衡量流动资产利用效果好坏的一大重要标准。流动资产的周转率或者周转天数都是表示企业流动资产的周转速度，流动资产周转率越小，周转次数越少，每次周转所需的天数越多，企业的流动资产周转速度越慢，相应的企业营运能力越差。所以，对公司而言，想要提高流动资产周转效率，则一定要掌握适当金额的货币资金，加大企业产品销售量，加速对应收账款的回收，加快存货的周转速度。计算公式为：

$$流动资产周转率=\frac{流动资产的周转额}{流动资产的平均余额}$$

$$流动资产周转天数=\frac{计算期天数（360）}{流动资产的周转天数}=\frac{流动资产的平均余额\times 计算期天数}{流动资产的周转额}$$

第四，总资产周转率。总资产周转率指的是企业相关资金周转频率的现况。影响总资产周转率快慢的要素有两个：一是流动资产周转率，二是企业流动资产占企业总资产的百分率。若公司在一个会计期内有较多的资金周转次数，则该公司总资产周转效率也较高，有助于提高其各方面综合竞争力，并且可以加强公司的偿债能力。计算公式为：

$$总资产周转率 = \frac{销售收入}{平均流动资产} \times \frac{平均流动资产}{平均全部资产}$$

$$= 流动资产周转率 \times 流动资产占全部资产的比重$$

6.2.2 营运能力分析指标局限

存货周转率的局限性如下：计算口径不一致。企业用存货对外投资，所形成的是长（短）期投资而不是销售成本，可见分子、分母口径不一致。无法适应季节性经营的企业。季节性生产的企业，其销售成本与存货的波动起伏都比较大，若按年来计算存货周转率，无法反映真实可靠的存货周转的效率。

应收账款周转率的局限性如下：计算口径不一致。现如今许多企业除了用应收账款结算，还包括应收票据。只用应收账款反映流转效率，不够全面。应收账款还包括了企业应收回的增值税销项税额，使得比率计算偏高。因此，为方便取数，把整个销售收入（不管是现销还是赊销）列为分子未尝不可。

当前应收账款周转率无法适用于季节性生产经营的企业。与存货周转率类似，季节性生产很强的企业，在其销售的旺季与淡季，应收账款波动比较大。若把计算平均应收账款的时间固定在年初与年末，将无法反映这一特性，很难真实反映企业的流转水平。总资产周转率的局限性主要有两点，第一计算口径不一致。企业的营业外收入不计入销售收入，也就是说分子没有代表企业的全部收入，而总资产却是企业的全部资产，可见分子、分母口径不一致。第二，当前的总资产周转率无法适应季节性经营的企业。生产经营季节性很强的公司，其旺季与淡季收入的差距比较大，仅以年初年末计算总资产周转率不符合实际。

6.2.3 营运能力分析指标的完善与补充

首先是存货周转率的完善与补充。考虑到存货周转率的局限性，我们可以将其分子加上"投资存货成本"。存货周转率=（销售成本+投资存货成本）/存货全年平均值×100%。另外，为了消除季节性的影响，公司外部的报表使用者可结合季度报告的有关资料按季度计算出存货的平均值。

全年平均值=[年初静态值/2+1—3季度个季末静态值+年末静态值/2]÷4。公司内部管理人员则可利用每月的资产负债表按月度计算出存货的平均值。全年平均值=[年初静态值/2+1—11月份各月末静态值+年末静态值/2]÷12。

接下来是应收账款周转率的完善与补充。考虑到应收账款的局限性，应该纳入一个新的比率，即商业债券周转率。商业债券周转率=（应收账款回收额+应收票据回收额）（1+17%）/（应收账款全年平均值+应收票据全年平均值）×100%。其中，应收账款（票据）回收额=本期贷方发生额=期初余额+本期借方发生额-期末余额由于应收账款（票据），当前借记金额，即当前信用额度在报表中无法获得，可以用净销售收入代替。全年平均值=[年初静态值/2+1—3季度各季末静态值+年末静态值/2]÷4。全年平均值=[年初静态值/2+1—11月份各月末静态值年末静态值/2]÷12。

最后是总资产周转率的完善与补充。考虑到总资产周转率的局限性，我们可以将其分子上加上"短期投资"与"长期投资"。总资产周转率=(销售收入+短期投资+长期投资)/资产全年平均总额×100%。全年平均值=[年初静态值/2+1—3季度各季末静态值+年末静态值/2]÷4。全年平均值=[年初静态值/2+1—11月份各月末静态值+年末静态值/2]÷12。

我们可以通过营运能力指标的数据看出企业有哪些营运问题，从而想办法解决这些问题，使公司更好地发展。所以，分析企业营运能力有着十分重要的意义，要通过数据和理论知识，要实事求是，客观分析，提出正确可实行的解决办法，从实践中总结经验和教训，不能说大话，好的方面要继续保持，有问题的营运方式要及时改正，避免给公司造成更大的损失。企业必须在实践中重视对企业营运能力的分析，从失败和挫折中分析得出企业的实际营运能力，并加以提高。要有坚实的理论基础和科学的方法，同时也要结合企业自身的发展，不能盲目从众，要实事求是，适当控制分析体系，为了让企业的利润最大化，充分发挥自己的最大价值。这种分析方法，不仅优化了企业营运能力分析系统，同时让企业的营运能力也提高了不少。企业也要先自己了解自己的营运能力，知道自己以后的发展方向和未来规划，然后再慢慢根据自身的情况改善营运能力分析体系，从而让公司能在市场上立足，获取更高的效益。

6.3 应收账款分析

6.3.1 应收账款是什么

应收账款是指企业在正常的经营活动中，由于销售商品或者提供劳务，而应向购货或接受劳务单位收取的款项。在激烈的市场竞争中，企业只有经常采用赊销进行销售，通过延长付款期限与客户建立良好的商业关系，在这种情况下，企业通过信用进行商品销售确实是明智之举。在市场需求上升时，企业通过信用状况控制需求，调整价格，打败对手；在市场需求下降时，很多企业通常利用信用刺激需求，维持客户关系并确保客户的忠诚度。

"应收账款账户"属于资产类账户，记在资产负债表的借方，其科目编号是"1122"。"应收账款账户"记载企业因销售商品、产品、劳务等应收的款项，包括商品、产品、劳务的货款、相应的税金、代垫运杂费等。应收账款虽然说是一项资产，但毕竟还没到自己企业的银行账户，所以依照会计准则，要对企业的应收账款按一定的百分比提取坏账准备。坏账准备是企业应收账款的备抵账户。当企业应收账款确认收不回的时候，就会形成坏账，虽然说应收账款是销售方企业的一项债权。企业有权利收回自己的货款，但是出于各种原因，比如说，购买方因经济问题无法偿还、购买方因各种质量问题拒不付款，以至于企业的应收账款无法要回，形成数额较大的坏账。

当企业实现收入的时候需要记载账户：借方是"应收账款或银行存款或应收票据等"，贷方是"主营业务收入""应交税费－应交增值税（销项税额）"。当接受商品、劳务单位没有及时交付货款时，企业应记入应收账款账户。应收账款按资产的流动性归为流动性资产，企业确认收入的同时，没有收到的产品或服务的款项就计入应收账款这个资产类账户，当然，应收账款这个会计科目的金额直接影响了该企业的资产情况的优劣，同时还左右着该公司的现金流量和相应的流动资金的资金链。

应收账款的管理阶段：在债权交付时和逾期之后，应该对应收账款进行妥善管理。信用机构为了防止这两类混淆不清，所以将它们加以明确区分：将召集前拖欠的款项称为应收账款管理，对逾期的欠款管理称为追查账款，形成两个管理阶段。

6.3.2 应收账款周转天数

应收账款周转天数是指企业从取得应收账款的权利到收回款项，转换为现金所需要的时间。它是应收账款周转率的一个辅助性指标，周转天数越短，说明流动资金使用效率越好。它能衡量公司需要多长时间收回应收账款，属于公司经营能力分析范畴。这里有一个疑问，假如一个公司今年的主营业务收入全是现金收入，那他的赊销收入净额不就等于零吗？这样的话应收账款周转率就很小很小了，那么，这样的企业是好还是不好呢？

一般情况来讲，应收账款周转率应该是高点比较好，说明企业收回欠款需要的时间短些，这样，公司的经济损失就会相应地减少，流动资产就能活动起来，公司的资产就会增加。如此说来，应收账款周转天数就是越少越好了。倘若企业真正收回客户欠款的时间高于公司规定的收回时间，那就说明公司客户拖欠货款的天数过多，其信用就会降低，同时给公司造成该笔款项成为"坏账"的可能性也增加了；当然，于此也可看出公司收回货款的人员工作不力，使公司的资产变成了死账或坏账，造成了流动资产的资金链断裂，这对企业的日常经营是不利的。从另外一个角度来说，倘若公司的应收账款周转时间太紧张，则说明企业坚持比较严谨的相关信用规定，付款条件过于苛刻，有可能影响公司的业务范围的增大，尤其是当这种规定的结果殃及公司的成本时，就会直接影响到公司的相关经济利益，从而给公司造成损失。

应收账款这个账户是属于企业的资产类，该账户的金额占流动资产的一半以上，这种比例直接影响着内地大中小企业的日常发展经营，限制了相关企业的持续发展。但是，应收账款也对公司的其他资产账户能否实现正常运行有重要的影响。企业应收账款账户是企业销售给购买方需要的商品、产品、劳务等，但是买方出于各种原因暂时无法支付货款，企业结合自己的实际问题，只能向客户赊销商品或服务。但久而久之，企业因管理不善等方面造成应收账款数额较大，无法收回或难以收回，给企业现金周转、正常生产经营带来重大影响。所以，企业对应收账款账户的合理管理已经成为一项重大问题。

6.3.3 应收账款分析方法

应收账款分析方法主要有资产负债表及利润表法、资产质量评价法、应收账款风险评价法和因子分析法。

资产负债表及利润表法：此方法是以企业的资产负债表和利润表的数据为基础，对两者予以分析得到应收账款质量评价的相关主要指标，并以相关指标为基础做出进一步分析、评价的方法。资产质量评价法（资产管理指标评价法），是衡量企业经营过程中某些特定资产的优势和劣势程度以及对企业经营活动影响程度的一种方法。这种做法有助于了解具体资产在多大程度上促进了企业的发展。使用这种方法有助于细化资产质量，例如资产变现质量的划分等。在应收账款评价中运用该方法，主要为了对企业资产可变现能力作出评价。应收账款风险评价法：该方法主要是通过对客户的信用等级作出分析评价，并以此为基础去分析评估企业的应收账款质量。因子分析法：因子分析法是适合对应收账款质量进行分析的一种多元统计方法，主要是使用少数因子来说明较丰富的因素或者指标之间的相互关系。

应收账款的分析可以从如下几个方面展开：第一，应收账款规模；第二，逾期应收账款比例；第三，呆账率；第四，应收账款的回收速度；第五，应收账款比重改善情况。

应收账款质量是指应收账款的变现效率或被企业在未来进一步使用的质量效率，由此对营运发展产生的促进作用与成本之比。所以，应收账款质量是反映应收账款质量和品质的指标，主要由应收账款规模、回收效率和应收账款的改善情况几个因素构成，其总和构成了应收账款质量的内涵，具体体现在：应收账款是否存在放任管理、产生坏账的风险和周转速度。

第一，应收账款规模。该比例体现了应收账款在流动资产中所占的比重，能够评价企业内部结构中流动资产是否合理，会否影响企业资金利用效率。

$$应收账款占流动资产比例 = \frac{应收账款}{流动资产}$$

总体来说，这一比例的警戒线通常是20%，高于20%时企业应当考虑应收账款是否过多。当应收账款占流动资产比重增大时，由两个因素导致：一是应收账款增长快，和去年相比不仅没有改进，甚至还恶化了；二是存货占流动资产比重缩小，应收账款和流动资产的比率变大，这说明应收账款质量并未产生实质恶化。因此该比例只能成为考察应收账款规模的辅助指标，除此之外还应根据应收账款占主营业务收入的比例来综合考察。

$$应收账款占主营业务收入的比例 = \frac{应收账款}{主营业务收入}$$

该比例体现了应收账款在主营业务收入中所占的比重,该比重较大则说明该企业的主营业务收入的大部分为赊销收入,现金流入较少。企业通常情况下都可以利用提高销售收入来增加利润,而不管销售中是否收到现金使其进入企业,这表明经营风险偏大,同时也证明企业盈利质量不高。该比重过小,则证明企业没有充分利用应收账款拓宽销售渠道,去占领市场。

第二,逾期应收账款比例。应收账款属于企业的流动资产,账龄超过一年的应收账款不满足流动资产的含义,被称为逾期应收账款,应当做坏账处理。差一年账龄的应收账款产生坏账的可能性区别较大,一般账龄在一年以内的,其回收的可能性较大,转变为货币资金的可能性较大,变现效率也较高。本书采用一年以内和一年以上应收账款分别占比来分析应收账款。

$$一年以内应收账款占总应收账款的比例 = \frac{一年内应收账款}{总应收账款}$$

该指标越低,说明应收账款质量越好,并且采用考察不同账龄在应收账款中的比率数值,分析是否存在较多的坏账、呆账和高龄应收账款。

第三,呆账率。通常是三年以上未回收且放在账上的应收账款,根据国际惯例,账龄三年以上的应收账款一般要全额计提坏账准备,表明其收回的可能性很小。通常呆账率从应收账款极易产生坏账的角度评价应收账款的质量,同时对考察应收账款的可回收性具有较大的代表性,也是评价应收账款变现能力的重要衡量标尺。

第四，应收账款的回收速度。应收账款周转率（次）=净赊销值平均应收账款。当企业实际收回时间超过了公司规定的应收账款天数，则说明债务人信用度低，提高了坏账损失的风险，同时也表明公司催账不力，造成流动资产的流动速度下降。

第五，应收账款比重改善情况。

$$应收增长与主营业务增长比 = \frac{应收账款增长率}{主营业务收入增长率}$$

该指标以1为衡量标准，当其高于1时，表明主营业务收入中应收账款所占比例增大，与去年同期相比，应收账款情况有所恶化。相反，如果结果小于1，则与去年相比，应收账款质量有所提升，表明企业提高了对应收账款管理的重视程度。

6.3.4 应收账款对企业的影响

6.3.4.1 应收账款对企业的消极影响

当企业实现收入时应记载账户：借方是"应收账款或银行存款或应收票据等"，贷方是"主营业务收入""应交税费－应交增值税（销项税额）"。当接受商品、劳务单位没有及时交付货款时，企业应计入应收账款账户。企业实现确认收入的同时，未收到的款项计入应收账款账户，一方面应收账款的增加也增加了企业的收入，进而增加了企业的利润。

另外，现在大多数企业都是生产额巨大，自己企业的库存较多，或者企业的有质量问题的产品可以以赊销、销售折让的方式销售给需要的客户，既清理了库存，也实现了一定的收入。还有就是：现在生产经济局势紧张，为了提高市场占有率，采用赊销模式销售给买方。

应收款项分为两个方面：正面和反面。

积极作用：(1) 应收款项的增加代表着企业的生产能力和销售能力较好，能获得大量的订单，企业在行业内的名声较好，有着固定的客户资源及宽广的销售渠道，能提升企业在所属市场的竞争力。随着市场的激烈竞争，增加产品市场占有率的最佳途径就是扩大销售渠道、提高销售量，特别是当市场低迷且资金稀缺时，采用信用政策进行赊销是抓住市场份额的重要手段。(2) 当企业的存货过多的时候，有利于企业采用一些优惠的赊销条件将仓库中积累的货品尽快销售，积压的货品也是积压企业的流动资金，将存货转换成应收款项也加快了企业流动资产的速度，减少了企业储存货物的成本和必要的开支。

总而言之，应收账款有利的方面主要有：增加销售，销售增加是应收账款产生的根本原因；降低库存，始终保持库存，不但要为存货支付各种仓储费用和管理费用，而且还要随时面临产品发生损耗的情况以及管理不善造成的各种问题。

6.3.4.2 应收账款对企业的消极影响

应收账款账户属于流动资产，不论国家还是企业，应收账款数额递增都影响着经济的正常运行，尤其对于一个企业来讲，若其资产大多数都是应收账款的话，必定影响企业的资金流动、正常的生产周期，进而影响企业的日常生产运营。对于一些小企业，找不到周转资金，最终不好的结局就是破产。

消极作用：(1)过多的应收款项会导致企业虚增收入及利润，企业相应税费及运营成本会增加。根据现行的会计准则，企业应当采用权责发生制计量，本期实际发生的业务必须计入相应科目中，无论货款等是否收到。由于企业的物流和资金流不一致，发放货物并开出销售发票，但不能同步回收货款。销售已经确定，借款人将未收的销售收入计入应收账款，并将贷方计入收入类别，而在企业的核算中利润的增加并不意味着现金流入可以按期实现。因此，大量应收款项的出现虚增了企业的营业收入，一定意义上易夸大企业的经营成果。(2)增加了企业的管理成本，包括应收账款成本。如果企业能及时收回应收款项或者没有积压较多的应收款项，就可以将应收款项变成流动性更强的银行存款或现金，然后将这些资金投资于某项有发展前景的项目或者偿还企业的负债，降低企业的资产负债率。这样，不仅可以为企业带来额外收入，还可以探索企业发展的另一项可能，因为应收款项的增加而使得获取其他收入的机会减少，这就是应收款项的机会成本。只要留存应收款项，企业就会面临着收不回的可能性，即坏账成本。现行企业会计准则要求企业按照应收账款余额的百分比来提取坏账准备。如果提取的坏账准备小于实际坏账损失，会给企业造成更大的损失。(3)应收款项增多加速了企业的资金流出，应收账款带来销售收入，现实上并未获得资金流入，流转税是基于销售额的，公司必须按时支付现金。企业为寻求表面收益而支付股东股息等福利和后期缴纳的税款,占用了大量的流动资金,容易导致企业生产环节、销售环节因缺乏资金而影响原材料的购进、人员的工资、广告费用的投放等各项必要的支出,随着时间的推移,它将不可避免地影响企业资金的周转,导致实际业务情况被覆盖,影响企业的生产和销售计划等达到有效的目标。由上可知,过多的应收款项对企业的成长是弊大于利的,所以,企业必须重视对应收款项的日常管理。

应收账款如果过多,就会占用企业的流动资金,增加机会成本。同时,应收账款过多还意味着企业在财务宽松的信用政策下销售产品,意味着企业的产品销售存在问题,而坏账的风险也在提升。但如果应收账款过少,与收入不成比例,则有可能是企业舞弊,或者业务量太小,总之,保持一定量的应收账款也是好的,赊销可以促进销售。

总而言之,应收账款不利的方面主要有以下几个方面:一是应收账款可能会对企业流动资金周转造成影响。企业为了降低库存积压而赊销商品,应收账款不断增加,大量占用流动资金。二是应收账款导致现金大量流出企业,由于逾期应收账款的比例也在上升,使得企业外流资金失去时间价值与盈利机会,增加了资金的机会成本。三是应收账款还会增加企业的管理成本,其中包括期间调查费用、催收工作人员的工资、外出收款时发生的差旅费等。四是应收账款的增加也会增加企业坏账成本,带来经济损失。

6.4 存货分析

6.4.1 什么是存货

存货是企业在日常的生产经营中拥有的用来准备出售的产品或商品，其最基本特征为：企业持有存货的目的是出售，而不是自用和消耗。存货管理质量体现了企业存货资产的营利能力、变现能力和周转能力。

6.4.2 存货分析

存货分析可以从如下三个方面展开：第一，存货流动资产率；第二，存货周转率；第三，存货增长率与营业收入增长率比重。

第一，存货流动资产率。存货流动资产率是存货占流动资产的比率。存货是流动资产中的主要构成部分，通常认为，存货流动资产比例越低越好，也就是存货越少，企业的流动资产结构越趋于标准。当企业的存货资产率增加时，就需要进一步分析是因为企业扩大生产经营规模而引起的存货储备量增加，还是因为滞销产品导致存货积压。第二，存货周转率。存货周转率是指企业在一定时期内存货占用资金可周转的次数。存货周转率不仅反映企业的经营管理效率的高低，而且反映企业资金利用效率的高低。存货的周转速度越快，企业营利越大。第三，存货增长率与营业收入增长率之间的对比能反映企业存货管理是否合理。存货增长率超过营业收入增长率，则说明企业有存货积压的风险；反之，存货则会下降。

第七章

利润表分析

7.1 利润表盈利能力分析

盈利能力是指企业创造利润的能力。企业盈利能力的分析和评估，一般基于资产、负债、所有者权益和业绩的组合，分析公司的各种营业收入、成本和薪酬指标，并从多个角度判断企业的盈利能力。主要指标包括销售利润率、净资产收益率、成本和利润率。

7.2 利润表分析

如今，全球经济一体化的程度越来越高，很多企业在发展的过程中会遇到很多竞争对手。企业想要增强自己在市场上的竞争力，就必须提高自身的盈利能力。所有企业都是为了盈利，盈利能力是指企业创造利润的能力，通常用其来评价企业在一定时期内获取利益的能力。一家企业的经营能力，可以从盈利能力上得到客观反映，同时，企业的经营能力又能够客观地反映一家企业的运转是否良好。

利润是企业在一定时期内收益和经营效果的反馈，企业的收益越高，经营效果越好，利润的指标越高，反映了企业具有一定的盈利能力。通常，企业的盈利是一段持续的过程，通过现阶段的盈利能力的反馈来制订下一阶段的计划是非常重要的一件事情，对企业管理者来说是必须执行的操作，因为现阶段的盈利可能只是暂时的，而长期的盈利则需要一个可持续发展的战略来予以引导。通常，需要对企业现阶段的情况作出详细分析，并且为企业未来一段时间内的发展方向制定一个明确的方针，同时要能够提前预知企业在未来的发展中可能遇到的问题，并且对这些问题有针对性的解决措施。必须明白影响企业盈利的有哪些因素，只有做好足够的盈利分析，才能够让一个企业具有长久可持续发展的盈利能力，这也是能够实现股东财富最大化目标的最好方法。企业管理者一方面需要良好的企业管理，营造一个良好的发展环境，要能够在提升企业体量的同时，持续地带来盈利，同时提高盈利能力，只有这样，企业才能够在现在竞争如此激烈的环境下生存下来。因此，企业的最终目标是不断强化自身的盈利能力，既要能够创造利润，赚取收益，又要能够带动企业的发展，让企业运转得更好。

通常，企业的股东或者是内部人员会非常关注企业的盈利能力，因为投资人肯定会更加青睐盈利能力强的企业，盈利是衡量企业在一定时间内，能否给企业赚取收益的一个指标。企业的管理者通常是根据一家企业的财务报表来获取企业的盈利能力的，报表是由企业的会计人员来整理的，会计人员通过专业的方法，对企业一段时期内的财务状况和经营情况加以处理和分析，比如提供准确的信息和数据，能够让人更加清晰地了解企业一段时期内的状况，对企业的实力作出评估，从而为企业持续、健康、稳定的发展提供可靠的保障。

利润表分析的方法有很多种，目前进行财务分析的基本方法主要有比率分析法、趋势分析法和因素分析法，但这些方法只能通过单一指标对一方面的财务状况进行反映，不能形成一个完整的框架把各个指标之间的关系有机地联系起来，难以对企业盈利能力做出全面的评估。目前，比较完善并被广泛应用的综合财务分析方法主要有：沃尔评分法、杜邦分析体系和雷达图分析法。这三种综合财务分析方法，都有各自的财务指标分析体系和适用范围。其中，杜邦分析体系是目前运用最广泛的综合财务分析体系，其分析方法是把多项财务指标通过其内在的联系构建成一个相对完备的财务分析框架，采用净资产收益率对企业的财务状况作出综合反映。

7.3 利润表相关指标分析

通过分析公司盈利能力，可以衡量公司在一定时期内获取利润的能力。一般通过分析营业净利率、资产净利率和权益净利率等指标来评价公司的盈利能力。

营业净利率指标体现每一元主营业务收入中包含多少净利润，可以综合反映公司的盈利能力。如果净利润的增长速度大于主营业务收入的增长速度，公司的净利率就会上升，说明公司盈利能力正在上升。资产净利率可以体现公司总资产的使用效率，用来说明公司总资产赚取利润的能力，计算出的数值越高，就说明总资产的效益越好。如果将资产净利率分解成营业净利率和资产周转率的乘积，还可以反映公司的经营战略。权益净利率也称投资报酬率，体现了公司所获净利润占平均所有者权益的百分比。

7.4 利润表指标分析方法改进

传统的指标分析存在很多局限,本书将对传统的盈利能力指标作出一定改进,从而提高分析的效率。

首先来看销售利润率和净资产收益率的局限。销售利润率的局限性如下:首先,计算口径不一致,不符合配比的原则。其中只有营业利润是由分母营业收入产生的,而其他组成与营业收入没有配比关系;或者说,利润总额并非仅是营业收入产生的,不配比。其次,粉饰效应。企业极易利用计算口径的缺陷来粉饰利润。净资产收益率的局限性如下:由于期末净资产不包括当期派发的现金股利,因此会导致股利政策不同的公司在这一指标上产生差异。

下面,对盈利能力分析指标予以完善与补充。销售利润率方面,为了使其口径一致,可将"利润总额"修改为"销售利润",使之与销售收入配比;还可以将"销售收入"修改为"销售收入+营业外收入+投资收益"。销售利润率=销售利润/销售收入×100%。销售利润率=利润总额/(销售收入+营业外收入+投资收益)×100%。另外,为了方便债权人和股东分析,还可以从现金流量方面考虑,将利润总额修改为"营业现金净流量",借以反映企业的报酬水平。

成本费用利润率改进方面，为了使其口径一致，可将"利润总额"修改为"销售利润"，使之与成本费用配比。成本费用利润率＝销售利润／成本费用总额×100%。另外，还可以从现金净流量着手改进。营业现金流量与成本费用总额的比率＝营业现金净流量／成本费用总额100%。净资产收益率改进方面，为了使其口径一致，"年末净资产"可修订为"利润分配前的年末净资产"，以消除股息分配政策的影响。

7.5 上市公司盈利能力分析

下面，仍然以 X 公司为例看一下标准的利润表具体形式。本书通过对 X 公司 2013—2018 年度的利润表进行合并整理，从而获取相应的经营信息，相关数据如表 7-1 所示。

表7-1 2013—2018年X公司利润及利润分配表　　单位：万元

项　目	2013年	2014年	2015年	2016年	2017年	2018年
一、营业收入	52,572.89	59,629.30	70,126.72	78,396.13	71,312.33	72,238.02
二、营业总成本	48,783.33	54,808.54	61,894.35	67,525.32	64,738.08	65,693.42
其中：营业成本	38,389.68	42,398.01	48,116.98	53,493.82	49,176.03	49,354.83
营业税金及附加	355.92	429.91	471.27	436.58	465.58	534.16
销售费用	6,832.74	8,981.80	10,110.89	10,305.89	11,177.27	10,969.25
管理费用	2,078.27	1,771.09	1,533.39	2,165.14	2,602.47	3,108.47
研发费用	1,255.21	1,377.44	1,528.76	1,215.14	1,319.28	1,430.31
财务费用	-157.52	6.62	116.16	-112.66	16.92	21.22
资产减值损失	29.04	-156.32	16.90	21.39	-30.34	259.38
三、营业利润（亏损以"-"号填列）	3,789.55	4,820.76	8,232.38	10,870.81	6,574.24	6,544.60

加：营业外收入	77.52	579.16	147.18	334.75	117.24	327.71
减：营业外支出	6.53	78.16	56.13	24.58	35.37	165.71
四、利润总额	3,860.54	5,321.76	8,323.43	11,180.98	6,656.11	6,706.61
减：所得税费用	1,000.85	1,073.71	1,490.03	1,850.25	1,202.06	1,140.21
五、净利润	2,859.70	4,248.05	6,833.40	9,330.73	5,454.05	5,566.40

从表 7-1 中的数据可以获得如下信息：X 公司营业收入从 2014 年的 59,629.30 万元，增长到 2018 年的 72,238.02 万元，增加了 21.15%，年均复合增长 4.23%；经计算，除 2014 年毛利率在 28.90% 以外，其他的 4 年，X 公司的毛利率都稳定在 31.50% 的水平；而 X 公司的期间费用从 2014 年的 10,759.51 万元，增长到 2018 年的 14,098.94 万元，增加了 31.04%，年均复合增长 6.21%，略快于收入的增长，主要是用工成本上升所致。

由上述数据可以获得如下信息：首先，X 公司近五年的增长较缓，低于国家 GDP 的增长速度，值得公司经营层关注；其次，X 公司近五年的毛利率一直维持在一个较高的平稳水平，说明 X 公司盈利能力强势。

7.6 上市公司利润表分析的注意事项

由于中国社会正处于转型阶段，经济增长较快，而中国的会计相关的法律法规、制度规章的完善并未与经济发展的速度同步，使得中国这些年来，存在一些利润操纵行为。人为的利润操纵，无法体现上市公司是否提升了自身素质，或是否对内进行了改革以提高管理水平等。市场投资人无法根据上市公司的年报数据、市场情况等来判断企业经营现状，也无法准确预测企业的未来经营。利润操纵危害性较大，动摇了投资人与上市公司之间稳定的信任关系，并直接动摇了资本市场的认知基础，影响了中国证券市场的稳定和健康。从这个角度来看，中国证券市场必须关注利润操纵问题，并着手解决。在这样的背景下，如何有效防范利润操纵行为的发生，是值得每一个管理者和投资人去认真思考和面对的问题，也是资本市场必须解决的重要问题。

7.6.1 利用收入手段进行利润造假

利用收入手段进行利润造假主要有以下几个方面：

第一，利用关联交易。关联交易是指与本公司有利害关系的关联方之间的交易。包括自然人和法人。关联交易起初的目的是节约交易成本、提高效率、保障商业合同的有效运行。然而，上市公司利用关联交易中的便利，恶意串通，通过交易价格、交易方式、资金占用等手段来达到操纵利润的目的。增加收入、转嫁费用是上市公司利用母公司与子公司之间的交易来操纵利润的惯用方法。由于母公司与子公司之间的联系无法分割清楚，所以上市公司会利用关联方交易来美化业绩。当上市公司业绩不理想的时候，母公司会慷慨相助，降低上市公司应交的费用，主动帮助上市公司分担费用支出，购买上市公司的产品，低价卖给上市公司仪器或原料等，增加上市公司利润，转嫁费用，使公司业绩更美观。

　　第二，利用应收账款，尤其是上市公司的长期应收款。应收账款是指企业应收而未收到的款项。根据时间长短，可分为短期应收款和长期应收款。一般来说，长期应收款越多，年份越久，收不回的风险越大，就会给上市公司造成大量坏账。上市公司可通过虚假的应收账款来虚增本期的销售收入，从而虚增公司的营业利润，再在往后的会计期间逐一计提坏账，冲销无中生有的账款。还有一种情况是：公司盈利时的应收账款做计提坏账处理，亏损时收回账款，冲销坏账。资产减值准备和它有异曲同工之处。也是公司在盈利状况时先计提减值准备，待到利润亏损时再把计提的转回，以此达到操纵利润的目的。

　　第三，调整以前年度损益。以前年度损益是对以前年度财务报表中的重大错误作出的更正。由于现行的会计制度对具体的调整过程不明确，所以在这个会计科目上常常出现重大纰漏。利润操纵者也利用这一漏洞增加以前年度的利润或减少以前年度的亏损来进行利润操纵。

第四，虚增销售收入和净利润。这是上市公司进行利润操纵最常见的手段。当上市公司利润达不到预期标准的时候，常常会通过虚假销售增加营业收入，再在以后的会计期间将虚增的销售收入用销售退回来冲销，以此达到虚增利润的目的。还有一种情况是在会计上提前确认销售，扩大赊销的范围，在后期通过销售退回来调节，或者将虚增的销售收入通过应收账款来实现，逐年计提坏账，直至冲销所有账款。

第五，利用非经常性收入。非经常性收入是指公司的主营业务收入和其他业务收入之外的收入，包括：投资收益，主要是指上市公司对外投资所得的收入，如股息红利收入等；补贴收入，如政府补助；营业外收入，如接受捐赠、中奖等；变卖公司资产，增加现金流。

7.6.2 利用成本费用方面的手段进行利润造假

利用成本费用方面的手段进行利润造假主要有少记负债、不合理延长固定资产折旧年限、利用购销业务或资产重组进行利润造假等。

一是少记负债。公司利润等于资产减去负债。当资产不变，负债减少，利润就会增加。上市公司漏记、少记公司的负债，或是不计算公司的负债利息，使得负债总额减少，从而虚增利润。

二是不合理延长固定资产折旧年限。延长固定资产的使用寿命，每年分摊的折旧金额就将减少，固定资产的账面金额就大，财报中的总资产就会增加，同时利润也会增加。若是公司突然调整了公司固定资产的折旧年限，应结合财报中的附注看公司对此做出的解释是否合理。一般会涉及在建工程，因为固定资产使用寿命延长一般是公司对固定资产加以维护和修理，这期间固定资产将转入在建工程，导致固定资产账面金额减少，待在建工程完工后再转入固定资产。若在建工程的预计建设时间大幅度逾期，且公司未做出合理的解释，就可能存在造假，若在建工程款项大幅度超过预算金额，也可能存在造假。

三是利用购销业务进行利润造假。上市公司通常会高价卖出自己的产品或服务给其关联企业，低价从其关联企业买入所需要的材料和劳务，来给公司提高利润。

四是利用资产重组进行利润造假。上市公司为了美化业绩，进行股票炒作，往往通过资产重组来操纵利润，这是证券市场上很常见的方法。在每年编制财务报表之前，公司为了美化财务报表，制定了一系列资产重组的方案，资产重组的方式多种多样，一般有以下几种手段：第一，一般不满足上市条件的公司为了上市往往会收购或控股上市公司，并把自己的部分业务或资产注入上市公司，借提高上市公司的业绩来拓展融资渠道，通过"换壳"这一方法来达到上市。第二，上市公司通过把不利的资产置换出去，把优质的资产从关联交易方置换进来，以这样的资产交换美化公司的利益。第三，上市公司收购其他公司，利用其他公司的业绩和资产来实现扭亏为盈。

7.7 利润表造假的案例分析

随着证券市场的日渐兴起，投资渠道愈加广泛。上市公司的利润对于公司的运行、存续影响重大，是广大投资者在投资时关注的重点对象，缺乏职业道德的高管还可能利用自己的职权为其谋取私人利益。因此，在外部市场机制不够完善、信息处于不对称状态的情况下，许多公司利用利润操纵手段粉饰自己的财务报表，规避退市，保住"壳资源"。这种行为极其恶劣，严重损害了投资人和社会公众的利益，对社会产生了许多不良影响。本书通过对某特钢财务造假分析，揭示上市公司部分利润操纵手段，旨在增强投资人对上市公司利润的认知，减少其在资本市场上由公司利润操纵带来的损失。

7.7.1 某特钢公司利润操纵概况及其影响

7.7.1.1 某特钢公司利润操纵概况

某特钢公司经营业务以特殊钢和合金材料的研发制造为主。主要产品有合金结构钢、工模具钢、不锈钢和高温合金。2000年某特钢公司上市，2018年因为财务造假问题被证监会立案调查，2019年证监会公布了相关的调查结果，对其做出了行政处罚和市场禁入的处罚措施。证监会的调查结果显示：某特钢公司自2010年开始到2018年截止，进行了长达8年的财务造假，这8年间某特钢公司合计虚增利润高达十几亿元。原本亏损的某特钢公司通过运用财务手段（财务造假）实现了净利润的扭亏为盈。

最后，某特钢公司修改了在证券市场的名称，证监会对其及相关责任人予以行政处罚，并处以六十万元罚款，对知悉、组织、策划的五位董事长，作出终生禁入市场的处罚，时任财务总监则是10年禁入市场。

7.1.1.2 某特钢公司利润操纵的影响

第一，对投资者的影响。上市公司的投资人包括了国家、法人、经营管理者、政府职能机构、社会中介机构、其他组织和普通个人，投资人在投资时基本上是通过公司的财务报表了解公司的经营状况和经营成果的，因此，公司有义务按照规定和计划披露财务报表，并保证财务报表的真实性，合理运用公司资产，妥善经营，提升经营效益。某特钢公司披露的会计信息脱离实际，运用各种手段粉饰财报，导致了投资人与管理者之间的信息存在严重不对称，这就使得投资人在做投资决策时无法合理预测，从而做出有违真实意愿的决策，使其利益失去了保障。虚假信息导致投资人的利益受到严重损害，也将严重打击投资人的信心。

第二，对债权人的影响。某特钢公司进行利润操纵，实际利润亏空，导致公司不能按期归还欠款和支付相应的借款利息，给债权人带来巨大的经济损失，还可能影响到债权人公司的运营。

第三，对公司本身的影响。某特钢公司连续八年利润财务造假事件曝光后，严重波及公司的声誉，尤其是公司的诚信。该造假事件造成某特钢公司的投资人大幅减少，很难再建立良好的信誉，公司需要在以后的经营中花费很大力气。

第四，对公司职工的影响。本次事件受影响最深的就是普普通通的职工，某特钢公司的职工大都是高中及以下学历的人员，他们靠自己的辛勤劳动养家糊口，工作多年，生活也基本稳定了，最不希望看到的就是公司破产或倒闭，而参与本次事件的会计工作者也会因为本次失信而丢掉工作，甚至在该行业都难以再次找到工作。

第五，对证券市场的影响。某特钢公司为了规避退市，连续八年财务造假，虚增利润十几亿，造假时间跨度长，造假金额巨大，严重扭曲了公司的经营状况，掩盖了公司经营中存在的问题。某特钢公司保住了"壳资源"，但严重违反了金融市场的法律法规，扰乱了稳定的证券市场秩序，打击了投资人对证券市场监管的信心。

7.7.2 某特钢公司利润操纵的手段

7.7.2.1 利用关联交易

表7-2　某特钢公司关联交易情况及年度营业收入、成本　　单位：亿元

	2014年	2015年	2016年
采购原材料、接受劳务等营业成本	16.64	7.17	3.55
出售商品、提供劳务等营业收入	14.16	10.25	7.75
关联交易总额	30.87	17.49	11.37
营业收入	54.53	45.58	46.78
营业成本	44.82	36.85	38.44

数据来源：某特钢年度财务报告

从表7-2可知，某特钢公司2014—2016年的关联交易总额分别为30.87亿元、17.49亿元、11.37亿元。其中，2014—2016年向关联方采购的原材料、接受劳务分别占年度营业成本的37.13%、19.46%、9.24%；向关联方销售产品、提供劳务等分别占了该年度营业收入的25.97%、22.49%、16.57%。在年报中，某特钢公司对关联交易的说明是其公司与其控股股东公司、其他关联方的交易有利于公司利用控股股东的资源降低运营成本和拓展产品范围，公司与关联方已经形成稳定的战略合作关系，关联交易将持续存在。根据该说明，公司与关联方的采购原料、接受劳务等却不稳定，交易金额变化较大，并呈逐年下降趋势。与同行B公司相比，某特钢公司与其关联方的产品销售、提供劳务交易占年度营业收入很高。B公司2014—2016年出售商品、提供劳务分别占年度营业

收入的5.3%、4.9%、7.2%。除此之外，2016年3月某特钢公司的控股股东——某特钢集团，发生了债务违约，导致其资金链断裂，从10月份开始进入破产重组阶段，全部股权处于冻结状态。此时，某特钢公司还与控股股东及其子公司发生大额的采购、销售等关联业务交易。

发生有违常理的关联交易，公司就会利用不公允的价格进行利润输送，在财务报表中体现在高毛利率上。某特钢公司与关联方交易的定价方式是：采购产品价格在不高于同行业定价或向其他第三方的供货价格的基础上，由双方协商定价；销售产品在不低于同行业的价格标准的基础上，由双方协商定价。B钢铁股份有限责任公司与其关联方的销售和采购交易，其价格均为市场价格。某特钢公司总毛利率如表7-3：

表7-3 某特钢公司总毛利率

	报告期（年）	2017	2016	2015	2014	2013	2012	2011	2010
某特钢	毛利率(%)	13.97	17.83	19.16	17.80	12.94	12.45	11.84	7.7
B股份	毛利率(%)	14.07	11.36	8.87	9.86	9.47	7.46	8.75	13.24

数据来源：某特钢公司年度财务报告

从表7-3可知，2010—2017年某特钢公司毛利率总体波动较大，2014—2016年的总毛利率分别为17.80%、19.16%、17.83%，相比其他邻近年份有所凸显，2015年毛利率最高，但2015年钢铁市场价格整体下跌。B钢铁股份有限责任公司是自2010年以来中国钢铁行业排名前列的公司，2015年的产品毛利率都受到了市场的影响，2010—2017年毛利率大体是上升的趋势，变幅比较平稳。

表7-4　某特钢公司部分主营商品毛利　　　单位：亿元

报告期（年）	2017	2016	2015	2014	2013	2012
收入	46.31	44.29	43.11	50.57	53.41	48.16
成本	39.82	35.00	34.80	42.82	46.46	42.17
毛利	6.49	9.29	8.31	7.74	6.95	6.00
毛利率（%）	14.01	20.98	19.28	15.32	13.01	12.45
合金结构钢						
收入	22.99	19.12	18.76	23.56	25.42	21.14
成本	20.29	16.27	16.04	21.57	23.05	19.43
毛利	2.71	2.85	2.72	1.99	2.37	1.72
毛利率	11.77	14.91	14.50	8.46	9.33	8.12
不锈钢						
收入	8.00	9.16	8.00	8.65	8.67	7.13
成本	6.78	7.16	6.52	7.06	7.68	6.22
毛利	1.22	2.00	1.48	1.58	0.99	0.92
毛利率（%）	15.21	21.87	18.50	18.32	11.43	12.86

数据来源：某特钢年度财务报告

从表7-4可知，2014—2016年某特钢公司的特钢、不锈钢毛利率较高，2015年、2016年的合金结构钢毛利率较高，2016年的特钢、合金结构钢、不锈钢分别相比其他年份毛利率最高。在2016年的财务报告中披露特殊钢的生产量比2015年增加6.63%，特殊钢的采购成本同比下降10.33%，2016年特殊钢的毛利率上涨，由此可得出原材料价格下降的结论,但是某特钢公司在2016年的财务报告中披露的却是原材料价格上涨,数据之间存在矛盾。综上所述,本书认为某特钢公司的关联交易显失公允。

7.7.2.2 利用存货少记营业成本

表7-5　某特钢公司财务造假涉及的科目和金额　　　　单位:亿元

报告期	存货（虚增）	在建工程（虚增）	固定资产（虚增）	累计折旧（虚增）	营业成本（少记）	利润总额（虚增）
2010	0.71	-	-	-	0.71	0.71
2011	4.88	-	-	-	4.88	4.88
2012	5.60	-	-	-	5.60	5.60
2013	1.85	7.43	4.91	-	1.85	1.85
2014	1.85	3.96	-	0.14	1.85	1.71
2015	1.63	-	3.51	0.18	1.63	1.45
2016	1.87	-	-	0.31	1.87	1.55
2017前三季度	1.51	-	-	0.24	1.51	1.28
合计	19.89	11.39	8.42	0.87	19.89	19.02

资料来源:某特钢公司《行政处罚及市场进入事先告知书》

某特钢公司造假的主要特点是把当期成本资本化,将应当计入当期的成本资本化为长期资产,通过未来年度长期资产的折旧分期计入以后各年的成本或费用,而每期的折旧费用通常较少,对利润的影响远小于少计成本造成的对利润的影响。

于是,2010—2016年、2017年前三个季度,某特钢公司通过伪造、变造原始凭证、记账凭证，修改物供系统、成本核算系统、财务系统数据等方式调节存货中"返回钢"的数量及金额，虚增期末存货。"返回钢"是某特钢公司根据公司的自身情况设置的三级科目，即"存货－原材料－返回钢"。虚增的"返回钢"本应随着销售的商品一起结转至"营业成本"，但是，由于应该结转的"营业成本"的存货没有结转，导致"营业成本"少记。从表4的数据来看，某特钢公司在报告期内虚增的存货和少记的营业成本是一致的。在营业收入不变的情况下，营业成本减少，营业利润增加，从而也就达到了虚增利润的目的。

7.7.2.3 利用在建工程

某特钢公司将虚增的存货转入在建工程原因有两点：其一是如果虚增的存货久而不转出，很容易在注册会计师审计盘点存货时被发现，而在建工程的审计难度要大于存货；其二是虚增过多的存货会影响到存货周转率这一重要的营运能力指标。所以，某特钢公司在2013—2014年利用在建工程转入以前年度大部分虚增的存货，虚增存货剩余的部分仍然保留在"存货"科目。

从表7-6可看出，某特钢公司2013—2015年固定资产猛增，其原因就是某特钢公司通过伪造、变造记账凭证、原始凭证等方式将2013年和2014年虚增的大部分在建工程转入固定资产，虚增了2013年和2015年期末的固定资产。

表7-6 固定资产科目余额   单位：亿元

报告期	存货（虚增）	在建工程（虚增）	固定资产（虚增）	累计折旧（虚增）	营业成本（少记）	利润总额（虚增）
2010年	0.71	-	-	-	0.71	0.71
2011年	4.88	-	-	-	4.88	4.88
2012年	5.60	-	-	-	5.60	5.60
2013年	1.85	7.43	4.91	-	1.85	1.85
2014年	1.85	3.96	-	0.14	1.85	1.71
2015年	1.63	-	3.51	0.18	1.63	1.45
2016年	1.87	-	-	0.31	1.87	1.55
2017前三季度	1.51	-	-	0.24	1.51	1.28
合计	19.89	11.39	8.42	0.87	19.89	19.02

数据来源：某特钢公司年度财务报告

7.7.2.4 变更固定资产折旧年限

某特钢公司2015年财报中显示，其在该年度1月延长了房屋及建筑物、机器设备的折旧年限，减少了固定资产折旧，影响了固定资产12180万元，影响利润总额9854万元，影响净利润8376万元。公司做出的变更解释是由于公司近年来不断加大对固定资产的维护和维修投入，从而延长了固定资产的折旧年限。但是某特钢公司因虚增固定资产而增加的利润远远大于折旧费用导致的利润减少，最终实现了虚增利润的目的。从表7-6的数据来看，某特钢公司2010—2016年、2017年前三季度虚增的利润总额等于每年少记的营业成本减去每年虚增的累计折旧。

表7-7　固定资产折旧

报告期	存货（虚增）	利润总额（虚增）
房屋及建筑物	20—30年	20—40年
机器设备（包含运输设备）	5—15年	5—25年

数据来源：某特钢公司2015年度财务报告

7.7.2.5 没有计提预计负债

2014年，某特钢公司在财务报告中披露为其控股某特钢有限责任公司提供担保5亿元，期限是2014年5月至2016年5月；为控制股东的子公司提供担保金额3亿元，期限是2015年11月至2016年11月。两个担保都是反担保、关联方担保。2016年更改了担保期限，对其控股公司的担保延长至2018年5月，对控股公司的子公司的担保延长至2018年11月。但是，2016年某特钢集团发生了债务违约，进入破产重组，担保金额逾期没有归还，同时某特钢公司还延长了担保时间。并且，某特钢公司在2015年、2016年的年度财务报告中均未对其进行任何计提。

7.7.2.6 计提应收账款不合理

某特钢公司计提应收账款的方法有三种：一是账龄分析法；二是单项金额超过5000万的单独计提；三是单项不重大的也单独计提。其中，账龄分析法的计提标准是一年以内计提5%，1—2年计提6%，2—3年计提7%，3年以上计提10%。与同行业B钢铁股份有限公司相比，某特钢公司计提的标准较为松散。B钢股份对应收账款的计提方法也有三种：一是单项金额重大并单独计提，单项重大的判断依据是该集团前五大客户；二是按信用风险特征组合计提；三是按账龄分析法计提，一年以内计提5%，1—2年计提30%，2—3年计提60%，3年以上计提100%。2017年，某特钢公司有一项单独计提坏账准备的应收账款金额超过5000万元，欠债方是某航特材工业有限责任公司。

表7-8 应收账款计提情况   单位：元

单位	应收账款	坏账准备	计提比例（%）	计提理由
某航特材工业有限公司	160,330,838.66	79,979,900.00	49.88	存在收不回来的风险很大

数据来源：某特钢公司2017年财报

某航特材是某特钢公司的参股公司，2017年在某特钢公司的年报中提到某航特材存在破产清算的风险，并非暂时性处于资不抵债的状态，对可供出售金融资产1364万元全额计提资产减值准备，对于应收账款却没有全额计提，这表明某特钢公司计提应收账款的坏账准备制度不严谨。

第八章

财务质量分析

随着我国社会的进步，上市公司的数量也越来越多，然而在经济繁荣的背后，也隐藏着很多问题。要想全面了解一家企业的发展情况，应当对它的资产水平、偿债能力和应对风险的能力做一个综合分析。一家企业的股票价格会受到很多因素的影响，但是最重要的因素是该企业的财务状况。目前，资本市场发展迅速，许多优秀的企业涌入资本市场，尽管上市公司大多是行业中较好的企业，但是随着市场的发展，很多公司上市后经营状况和上市前有很大的不同。一家公司的财务质量反映了当前的运营情况和今后可能的发展方向，因此，对上市公司的财务质量情况予以客观的评价和分析，有利于投资者更好地了解上市公司的经营现状，为投资做准备，也有利于公司内部管理者把握公司未来的发展方向。

8.1 财务质量分析的概念

上市公司的财务质量，反映了上市公司在一段时间内运作的结果，也是上市公司在市场证券交易所形成过程中进行质量计量的一个重要方面。随着资本市场的不断扩大，服务质量的评价方法，就是为了提高投资人的收益。在公司组织建立后，财务质量的评估从外部评价扩大到了内部评价，这就可以改进针对业务人员的内部管理服务。公司管理层掌握了大量关于公司的财务质量、利润和现金流量的详细信息，但是一般来说，公司外部利益集团主要依靠公司公布的财务报告获得相关信息，但企业财务报告内容过于庞杂，不能提供企业财务的总体状况的信息，且企业财务报告可能存在信息失真的现象。这时候，就需要运用财务质量综合评价方法，让它作为一个能够剔除虚假财务信息的综合的反映企业总体财务质量的分析工具，为公司外部利益集团服务。财务质量综合评价方法主要还是用于债权人评价债务人的信用情况，投资人评价被投资企业的盈余能力、财务质量。由于总体财务质量评估方法主要由企业以外的人使用，因此，内容必须以可核实的会计数据为基础，以确保它的真实性和客观性，并确保书面表述的准确性和客观性。文字表述由于其需要核实的弹性太大，以至于无法成为总体财务质量评估方法的一个基本组成部分，因此只能补充这一方法。

8.2 财务质量分析的作用

随着我国证券市场的发展，上市公司的数量大幅度增加，但相应的证券市场体系并没有伴随着公司的数量迅速增长。在这种情况下，证券市场上出现了一些上市公司伪造和欺骗投资者的情形。所以，一个对上市公司进行质量评估的统一制度，对上市公司的财务质量进行有科学根据的评估，已成为一项证券管理机构、上市公司和投资者的共同目标。

财务质量分析的作用主要有以下四个方面：

第一，有利于国家对上市公司进行监管。上市公司的质量评估制度，是为了方便国家监管机构对上市公司进行监督。从国际上来看，上市公司质量评估制度作为一种制度有效的公司监管，已经成为西方市场经济体系的国家对上市公司进行监管的一个重要工具。因此，应该建立起一个系统的体系，通过其对上市公司的质量予以评估，了解上市公司的基本情况，并能在管理上市公司时核实其准确性。

第二，有利于提高上市公司质量。建立上市公司质量评估制度，提高上市公司的质量，可以鼓励上市公司努力取得更好的财务业绩。上市公司的质量基础，往往又决定了它在证券市场上的业绩。如果努力改善上市公司的财务业绩，就会在评估上市公司的质量方面取得更好的结果。

公司股票一般在证券市场上进行交易，如果上市公司的质量评定很差，股票交易就会放慢。

第三，有利于提高证券市场质量。其实，上市公司的质量不仅仅是证券市场投资价值的来源，也是证券市场中必不可少的一部分。上市公司质量的优劣，一定程度上决定了证券市场能否稳定发展。我们只有建立起良好的上市公司质量评估制度，才能进一步规范上市公司的行为，才能有力促进上市公司的发展。

第四，有助于投资人理性投资。上市公司质量评估制度，可以根据统一标准对所有上市公司进行评估。在这样的评估制度中，可以使投资人对上市公司进行合理投资。若投资人可以完全看到上市公司质量，投资环境对于他们来说也会相对公平。投资人可以通过对上市公司质量的评估全面了解上市公司的质量，避免盲目投资。

8.3 上市公司财务质量分析现状

如今，财务质量的构成及其影响因素的各种相关文献和理论研究均比较少。在资产质量、利润率和现金流量方面，通常要对上市公司的财务质量予以更详细的分析和评估。研究方法的基础是文献研究、规范性研究以及经验研究和基于财务指标的评估方法。财务质量反映了企业的财务状况、经营结果和现金流量。

首先是资产质量及影响因素方面。资产质量体现在资产清算质量、个人增值质量、使用质量和其他组合的增值质量上。资产质量的影响因素主要包括资产的盈利能力、资产的经营能力和投资回报能力。

其次是利润质量及影响因素方面。企业基本利润质量的形成是研究利润的质量的首要目标，企业可以依赖于良好的市场发展前景，用利润所带来的资产为企业的未来发展奠定良好的资产基础；然后研究企业的利润结构。最主要的是利润结构的合法性、利润率和利润获现的能力。第一，利润结构的合法性。从利润的总体构成来看，一般用规模与主营业务利润的比例作为确定企业利润的稳定可靠的依据，其对利润的影响最大。第二，利润获现的能力。利润质量好，往往意味着企业的盈利能力好。当企业不能带来稳定的现金支持时，企业的盈利质量就会变差。第三，盈利能力。从绝对额来说，与企业规模、行业特征、一定规模的增长周期等因素相对应的净利润可以更好获得并能可持续增长。

最后是现金流量质量及影响因素方面。对于目前的资本市场来说，企业生存和发展的关键因素就是现金流量的质量。资金就像企业的血液，而血液的流动直接决定了企业的活力。

8.4 资产质量分析

资产的质量主要是指资产获取现金的能力、为公司发展目标带来收益的质量和以后期间企业继续深入使用该资产的潜力。从资产负债表的左侧来看，公司的资产规模和结构位列其中，体现了公司的资源分配情况。企业资产可以根据企业扩张的方式和对利润的贡献，划分为经营性资产和投资性资产两类。根据以上划分，应从整体上把握资产质量的分析，从经营性资产质量和投资性资产质量两个方面对资产质量进行综合评价。

经营性资产质量方面。经营性资产包括五类资产，其中的核心是存货和固定资产，因为这两项资产是提高企业盈利能力和获现能力的重要媒介，是企业所拥有的资源和能力的体现。在分析经营性资产时，应该抓住"经营资产(资源)——经营收入和核心利润(市场和收益)——经营性活动的净现金流量(收益的质量)"这一分析主线，关注企业三张报表之间的内在关系，企业内部是否存在上述三种失衡现象则很容易发现，从而可判定企业经营性资产的质量高低。

投资性资产质量方面。企业在对境内外其他单位进行投资时占用的资源即投资性资产。在"长期股权投资"项目中，企业控制投资的基本规模等于母公司报表金额与合并报表金额的差额；除此之外，企业向子公司提供资源支持的方式也可以是"其他应收款"或预付款项等。

8.5 资本结构质量分析

资产负债表的右侧是负债和股东权益结构，即资本结构。分析资本结构质量，对一家企业来说具有全局性的作用，我们也把它誉为确定企业战略和发展方向并且支持企业发展的动力机制。一般意义上说，高质量的资本结构应该具有合理的杠杆率、较强的偿债能力和一定的融资潜力。

第一，负债与所有者权益比率的合理性分析。企业资本结构之所以会变化，是因为债务与所有者权益之间存在此长彼消的波动关系。企业资本结构的质量，在很大程度上取决于负债与所有者权益的比率。

第二，资产结构与资金来源的期限结构的适应性程度。根据期限长短，可以将资金来源划分为短期资金和长期资金两种形式，企业进行融资花费的成本与承担的风险也取决于这两种资金所占的比例。长期融资最为明显的特点就是不用承担偿还短期债务的压力，然而其资本成本也较高。另外，虽然短期资金的资本成本相比于长期融资而言要低很多，但是企业却要因此做好随时偿还债务的准备，这会给企业带来不小的财务压力与风险。通过上述分析，我们得知，资产结构与资金来源的期限结构的适应性程度对企业而言非常重要，在进行财务报表分析时需要对此重点关注。

8.6 盈利质量评价要素

对一家公司的财务状况评价，如果只局限于分析其盈利能力，只关注财务报表上的利润指标，难免会失之偏颇，有可能无法获取该公司盈利质量的真实情况。所以，在分析企业的盈利质量时，本书主要综合考虑以下几个要素：

第一，获利性。企业在持续经营活动中使用资产赚钱的能力就是企业的获利能力。通过分析财务报表中的利润率情况可以判断获利能力的强弱。一般来说，企业的销售净利润率、净资产收益率等较高，获利能力就较强。同时，对于投资者来讲，获利能力是判断一家企业是否值得投资的首要标准；而对于管理者而言，企业的获利水平也能在一定程度上反映经营运转过程中的不足之处。所以，分析盈利质量，需要先从分析企业的获利能力着手。

第二，持续稳定性。盈利的持续稳定性是指企业的盈利能够在未来一定时期内保持稳定，不会出现较大波动。盈利的持续稳定性是企业长期盈利的关键，是一个能让投资人对企业的综合能力进行有效判断的重要指标。企业的经济效益一般分为由经常性项目带来的收益和由非经常性项目带来的收益。经常性项目中需要重点关注主营业务各项目，比如主营业务收入、主营业务成本和主营业务利润等，这是因为持续稳定性主要是衡量企业主营业务的利润率及其发展是否具有可持续能力。一家经营状况良好的企业，其利润主要来源必然是经常性经营活动产生的收益，如果公司的利润来源主要是非经常损益，比如政府补助、资产处置等，则说明其盈利的持续稳定性较差。一般来说，持续稳定性越好，企业的盈利质量越有保障，盈利质量就越高；而持续稳定性越差，企业盈利能力不够，则盈利质量一般也无法提高。考核盈利的持续稳定性，有助于帮助投资人对企业未来利润进行预测，帮助其作出有效决策。

　　第三，现金保障性。现金保障性主要是指企业的盈利转化为现金的能力。如果一家企业的现金保障率低下，说明该企业现金管理制度有不合理之处。同时，现金循环时间过长也会影响企业现金流的稳定程度，过短的现金循环速率也可能会影响其与上下游企业之间的合作，因此，现金流在企业运营中的作用十分重要。由于会计的账面上需要借贷平衡，大部分企业的会计计量基础是权责发生制，而不是收付实现制，所以企业账面上的收益并不一定代表有现金流入。例如采用赊销方式获得的收入，在权责发生制下只是在账面上有收入的记录，如果这笔收入不能很快转化为现金，企业的经营活动就可能没有足够的现金流做支撑，致使其盈利能力指标含有过多泡沫，盈利质量自然也会下降。因此，现金流量是整个企业财务运作的关键，缺乏现金流量的企业，容易出现财务困难，甚至出现停滞状态。稳定的现金保障是实现企业再生产的关键，有利于扩大生产规模，提高市场占有率。

8.7 上市公司利润质量分析

上市公司利润质量分析主要有以下三个方面：

第一，利润内部结构的协调性分析。对于一家企业的利润结构而言，企业每年的营业外收入、投资收益和核心利润是企业利润结构的主要支撑点，所以对企业利润结构协调性进行分析的关键在于分析这三部分对利润的贡献。第二，利润结构与资产结构的匹配度分析。毋庸置疑，利润结构是检验公司战略的合规性和执行的有效性的重要方法，而资产结构可以反映公司的战略与管理目的。第三，利润结构与现金流量结构的趋同性分析。如果上市公司的利润结构与现金流量结构出现了不匹配的情况，投资人以及外部报表使用者就需要对此保持谨慎态度。

8.8 上市公司现金流质量分析

如果一家企业拥有高质量的现金流，那么该企业的现金流能够支撑企业以正常模式运营并达到预期目标；反之则危险。上市公司现金流质量分析可以从以下三个方面展开分析。

第一，经营活动现金流量的充分性分析。经营活动产生充足的现金流量意味着公司有足够的现金流来满足其正常运营和规模扩张需求。第二，投资活动现金流出量与企业发展战略的吻合性分析。一家企业的扩张规模和扩张路径可以在多种方式上展现，其中最基本的一种方式便是分析企业投资活动的现金流出量和流出方向。第三，筹资活动与经营活动、投资活动现金流量的适应性分析。一家资产状况良好的企业，其筹资活动、经营活动和投资活动三者之间的现金流量应当具有一定程度上的适应性。当经营和投资活动中存在资金缺口时，企业应进行筹资活动填补资金缺口。如果三者之间没有这样的适应性关系，企业就容易出现资金短缺，从而陷入资金链断裂的危机。这种适应性存在与否，也反映了现金流管理质量的好坏。

8.9 案例分析

零售业与大众的日常生活息息相关，新零售业则是零售业在互联网时代下的产物。本书选取近年来成功转型新零售并主打"智慧零售"的某宁公司为分析对象，从资产质量、利润质量、现金质量和财务指标等入手，分析其财务质量状况。某宁公司是上市的家电连锁企业，自从2004年上市以来，其发展势头良好，市场价值连续攀升，且连续5年位居中国零售百强的前列。

8.9.1 资产质量和资本结构质量分析

2018年，某宁公司的固定资产和存货都较上年同期平稳增加。其中，固定资产较上年同比增长约5.74%，存货较上年同比增长约20.01%。结合报表附注可分析发现，固定资产增长的原因是往年在建工程达到了预定可使用的状态以及外购固定资产和房地产业作为存货的房产转化为固定资产，而存货的增长则主要系库存商品增加。从表8-1可以看出，自2016年以来，某宁公司的固定资产和存货一直保持稳步增长。

表8-1 2016—2018年度某宁公司部分财务数据　　单位：亿元

会计报告期	资源与能力		市场与效益		质量
	固定资产	存货	营业收入	核心利润	经营活动净现金流量
2016年	128.13	143.92	1485.85	-10.59	38.39
2017年	143.73	185.51	1879.28	-0.39	-66.05
2018年	151.98	222.63	2449.57	33.43	-138.74

从表8-1的数据（合并报表数据，下同）可知，在最近几年某宁公司的存货都有较为良好的市场，营业收入同比增加30.35%，说明2018年某宁公司的销售规模实现了较快增长。但其核心利润并不理想，2016年与2017年都是负值，2018年终于扭亏为盈。接着分析其经营活动净现金流量，2016年净现金流量还算充足，但2017年与2018年都为负数。这表明公司可能存在利益与质量脱节的问题，或者反映在账簿上的经营状况可能由于相关年份重大战略决策的影响而不稳定。查阅公司财务报表附注发现，2018年核心利润能扭转，主要系2018年营业收入增长幅度高于营业成本和期间费用涨幅，经营活动净现金流量连续负值存在以下三点主要原因：首先，公司的金融业务在该报告期内快速增长，保理业务所借出资金的数额和小额贷款也有明显增长，导致约85.6亿元的现金净流出量。其次，公司较大限度地利用了财务优势，加大支持供应商的力度，从而加强零售商与供应商的合作关系，缓解中小供应商压力；而且，公司积极拓展销售渠道，各种销售模式并驾齐驱，增加对企事业单位的销售服务规模，从而导致应收款项数额的增长。由此表明，某宁

公司需要进一步加强对营运资金的管理，不断优化支付结算方式和周期，以此提高资金周转效率。尽管某宁公司目前经营活动净现金流量和核心利润都不够理想，但这只是转型过程中遇到的短期黑暗，相信坚定推进实施智慧零售战略、加快全渠道布局并强化数据运营、丰富商品品类、提升风控和产品创新能力的某宁公司，未来的经营活动净现金流量能够转亏为盈。

表8-2　某宁公司2018年控制性投资数据　　　　单位：亿元

项目名称	合并报表	母公司报表	差额
长期股权投资	176.75	388.98	212.23
其他应收款	28.75	265.19	236.44
资产总计	1994.67	2004.36	9.69

数据来源：某宁公司2018年年度财务报告

从表8-2可以看出，某宁公司的母公司报表和合并报表之间关于"长期股权投资"的差额是212.23亿元，这一数额可以反映出某宁公司对外控制性投资的基本规模较大；与此同时，我们可以看出某宁公司的母公司报表和合并报表之间关于"其他应收款"的差额为236.44亿元，这一数额表明某宁公司母公司也借助"其他应收款"向其子公司提供了部分的资金支持，这也属于母公司的控制性投资。然而在资产总额中，母公司报表与合并报表数额之差仅仅为9.96亿元。这一数额说明了企业用448.67亿元的实际资源只撬动了9.69亿元的扩张性资产。此现象表明，某宁公司对子公司的投资出现较大亏损，增量撬动效应差。造成这种现象的原因主要是：某宁公司目前仍处于投入发展期，无论是引资效益还是增收能力都还未发展壮大，比如2018年新开张的小店，盈利能力尚有限；旗下的TT快递，2018年巨额亏损，某宁公司进行投入助其改革升级。

表8-3 2016—2018年度某宁公司产权比率和资产负债率

项目名称	2016年	2017年	2018年
资产负债率	49.02%	46.83%	55.78%
产权比率	96.17%	88.06%	126.12%

数据来源：某宁公司2016—2018年年度财务报告

由表8-3可知，某宁公司近三年的资产负债率保持在50%左右，处于稳定的状态。而企业资产负债率一般为70%，说明相对于其他企业，某宁公司的杠杆率更合理、风险更小，具有更强的融资潜力。在短期内，某宁公司需要持续深入发掘依靠自身债务进行融资的潜力。然而在长期内，某宁公司理应对资本成本与财务风险予以综合分析，利用债务资本与权益资本同时进行融资，从而实现改良资本结构和提升企业整体价值的目的。从产权比率来看，近三年某宁公司该指标都保持在1左右，2018年稍高于企业所设置的标准值1.2，表明其资本结构相对较为稳健，长期偿债能力相对较强。

表8-4 2017—2018年度某宁公司长短期资产和长短期资金　　单位：亿元

项目名称	2017年	2018年	差额
长期资产	694.47	677.25	-17.22
长期资金	930.13	1057.71	127.58
短期资产	878.30	1317.43	439.13
短期资金	642.64	936.97	294.33

数据来源：某宁公司2017—2018年度财务报告

由表8-4可以看出，某宁公司2018年的短期资金增长了294.33亿元，短期资产增长了439.13亿元，长期资金增加了127.58亿元，长期资产减少了17.22亿元。这种增长关系表明某宁公司的短期资产既使用了短期资金又使用了长期资金，意味着某宁公司采取了保守型融资政策。这种政策的风险较小但资金成本较高，会使公司收益减少，因此，资本结构仍有进一步优化和升级的余地。

8.9.2 上市公司利润质量分析

首先是利润内部结构的协调性分析。由表8-5可知，作为经营性企业的某宁公司，2016—2018年核心利润均远低于投资收益。这主要是因为近几年某宁公司处于战略转型与投入期，所以经营活动的核心利润微薄，对总利润几乎没有贡献，而投资收益对利润的贡献则较大。这表明某宁公司目前的利润结构存在较大的不协调性，利润的内在质量较差。

表8-5 2016—2018年度某宁易购利润结构数据　　单位：亿元

项目名称	2016年	2017年	2018年
核心利润①	-10.59	-0.39	33.43
投资收益②	14.45	43.00	139.91
①/②	-73.29%	-0.91%	23.89%
营业外收入	10.60	4.05	5.06

数据来源：某宁公司2016—2018年度财务报告

其次是利润结构与资产结构的匹配度分析。对表8-5进行分析可以得出如下结论：站在利润结构的角度进行分析，在我们所谓净利润的三大支撑点中，某宁公司的核心利润在前两年都是负数，近三年获取的净利润均主要依靠投资收益支撑，但由于某宁公司正处于战略转型期，故而近几年的核心利润为负数或较低，是正常现象，有必要相信在这几年的投资布局下，某宁公司的未来会有很大的发展前景。

表8-6 某宁公司2016—2018年资产结构规模数据　　单位：亿元

项目名称	2016年	2017年	2018年
经营资产	1058.95	1138.82	1674.25
投资资产	312.72	433.95	320.42

数据来源：某宁公司2016—2018年度财务报告

表8-7 某宁公司核心利润、投资收益和经营活动净现金流量对比　单位：亿元

项目名称	2016年	2017年	2018年
核心利润	-10.59	-0.39	33.43
投资收益	14.45	43.00	139.91
经营活动净现金流量	38.39	-66.05	-138.74

最后是利润结构与现金流量结构的趋同性分析。由前文叙述及表8-7可知，某宁公司的核心利润正处于扭亏为盈的过程中，投资收益也在逐年增长，但在近3年里，其经营活动净现金流量有两次朝负方向发展，这主要是因为某宁公司处于战略转型与投资扩张期，新建众多线下店铺，经营活动现金流量出大于入。2018年投资收益有较大增长，主要是因为2018年出售了所持A公司的股份，实质属于一次性收益。总的来说，某宁公司的核心利润、投资收益和经营活动产生的净现金流量趋同明显，目前核心利润的获现能力较低，今后必须继续加强对这一短板的管理。

8.9.3 现金流量质量分析

首先是经营活动现金流量的充分性分析。由前文叙述可知，由于某宁公司处于战略特殊时期，近几年其经营活动净现金流量均为负数或较低，显然无法抵补各项相关费用，经营活动现金流量并不充分。

其次是投资活动现金流出量与企业发展战略的吻合性分析。某宁公司在2016—2018年的投资活动现金流出量分别为1655.69亿元、2093.18亿元、2295.06亿元，分别同比增长131.53%、26.42%和9.64%。近3年的投资规模基本呈稳步上升趋势，这主要是因为在发展迅速的信息化时代，某宁公司感受到传统电商在式微，而以客流、物流、信息流和资金流为基础的产业生态链才是新零售业发展的方向。于是，某宁公司以零售为圆心，扩散出对金融、商业、物流、科技、体育、文创等多种产业的多层次投资，形成了一套向新零售转型的智慧零售战略体系。投资活动现金流出量证明某宁公司的对外投资方面与其战略相符。

最后是筹资活动与经营活动、投资活动现金流量的适应性分析。表8-8对某宁公司近3年这三大活动的净现金流量进行了分析。

表8-8 某宁公司2016—2018年的现金流量数据　　单位：亿元

项目名称	2016年	2017年	2018年
经营活动净现金流量	38.39	-66.05	-138.74
投资活动净现金流量	-396.13	134.37	-30.10
合计①	-357.74	68.42	-168.84
筹资活动净现金流量②	367.58	-9.11	225.34
①+②	9.84	59.21	56.5

数据来源：某宁公司2016—2018年度财务报告

从表8-8可以看出，当经营和投资活动出现资金缺口时，筹资活动可在推动总体现金流量正向发展方面发挥补充作用。随着某宁零售业的快速发展以及对物流网络和IT技术的不断投资，其对营运资金的需求增加。报告期内（2018年），某宁公司及其子公司通过发行公司债券和银行融资获得了大量资金，支持业务发展。此外，在报告所述期间，其子公司某宁金融实施了吸引资本和筹集资金的战略，使公司筹资活动的净现金流量在报告期内比去年同期增长了2574.88%，公司募集资金225亿。

8.9.4 某宁公司财务质量分析结论

本章从资产负债表、利润表、现金流量表和财务指标四个方面重构了财务质量分析的系统框架，运用这"四维框架"对某宁公司的财务质量进行了较为全面的分析，得出以下结论：①从资产负债表角度可以看出，某宁公司虽然具有一定的盈利能力和增值能力，但资产质量并不理想。②从利润表分析可以总结出某宁公司的利润质量一般，近几年利润的获现质量欠佳。③从现金流量表的分析可以看出，某宁公司的现金流量基本上能够维持正常运营，满足正常经营活动的需要，但整体现金流量质量一般。④从各项财务指标分析可以看出，某宁公司持续发展能力尚可，管理层对企业的布局与发展前景信心十足。

尽管某宁公司的整体财务质量可以接受，但从以上分析中可以看出其仍存在许多问题。某宁公司可以采取以下措施加以改进：第一，在增加销售收入时也不应疏忽对应收账款的征收管理力度，从而持续提高企业的盈利质量；第二，由于企业的资产负债率在逐年上升，进行债务融资的同时应注意控制财务风险，优化企业的资本结构；第三，在扩大业务范围，构建某宁智慧生态系统的同时，也需注意多元投资的收益性和可持续性发展问题。

第九章

零基础分析报表虚假信息

9.1 造成报表数据误差的原因

财务造假是故意违反现行会计制度、会计准则和相关法律法规，故意误报或者忽略财务报表中的数字、项目、附注或其他内容的一项受严厉打击的违法行为。从这些交易中产生的财务信息，无论会计程序本身是否符合会计系统的标准，都可能误导信息用户错判公司的价值和运营能力。

尽管监管机构严厉打击造假行为，但是上市公司财务造假还是时有发生。因此，我们必须提高民众对于造假的识别能力和防范意识。

上市公司之所以要违法，做出财务造假行为，不外乎以下三种原因：

第一，低廉的造假成本。上市公司进行财务造假，货币价值可以增加数亿元，但中国证监会的罚款只有 60 万元（旧证券法），造假的动力太大，大到可以使违法者藐视法律，铤而走险进行财务造假。

第二，巨大的利益驱动。上市公司的财务造假是由多方面利益引起的，这些利益是上市公司财务造假的内部动机，主要包括上市、分配股票、避免 ST 或退市、转移利润进行逃税等。

第三，目前我国上市公司会计准则制度不完善。个别企业利用会计法规、准则、制度本身的缺陷，使用合法但不合理的手段来掩饰其财务报表以提高利润。金融领域没有像司法领域那样有一个中立＋权威＋强制的第三方来仲裁所有业务活动是否符合相应的标准和法规，这也是财务造假反复发生的原因。就金融行业的社会功能而言，缺乏迫使第三方机构为财务业务进行仲裁的独立机构，导致财务不得不完全依附于企业的事实。

9.2 常见的财务造假手段

近几年来，国内外频繁发生财务造假案件，给资本市场和投资人造成重大损失，尤其是对于上市公司而言，损失更为惨重，因为财务造假不仅会给投资人带来直接的经济损失，影响股票市场的整体信誉，而且还会抹黑中国的资本市场。了解公司常用的财务造假手段及识别方法，能够让我们在尽职调查、评估投资公司的时候看得更加细致和全面。

对于一般的财务造假行为，可以找到其使用的造假手段。但是，对于涉及需要外部现金流量配合的财务造假，只能通过时间的积累来发现。在证监会和法律加强监管的同时，投资者还需睁大眼睛，多了解财务造假的手段。

上市公司常用的造假手段主要有以下几点：增加收入，伪造经济业务往来，根据自己的经营状况调整科目表；减少成本，隐瞒经营过程中发生的一些成本费用，少提或推迟坏账准备计提，隐瞒经营过程中发生的重大事项，虚构现金流，虚增资产价格，打假官司，与关联方交易，虚构政府财政补助，签订假合同等。

9.3 财务造假的识别

了解企业的真实财务状况,是投资人做出投资判断的必要前提。但是,对于投资人而言,直接参与企业内部运营是一件很难的事。所以,学会通过财务报表掌握企业财务状况,是投资人必备的一项技能;掌握财务造假的识别方法,是保障投资人权益的基本功。

财务造假的识别方法通常有四种:

第一,现金流异常。如果一家企业的获利能力与它的现金收入、支出情况做对比,明显存在着一些不正常的特殊情况,那么,这家企业的收益情况一定存在虚假调增,并且难以通过正常的渠道将其收回。同理,企业利润虚增的情况也存在很多,投资人要细心观察。如果公司经营活动现金流净额占净利润比重偏低,那就说明公司多年来在经营活动中占用了大量的现金。

第二,与企业内部运行的逻辑比较。当一家公司篡改报告的某一部分时,它不可避免地会更改另一部分甚至更多的数据,从而导致许多财务数据比例失衡,这就为识别造假提供了路径。因此,有必要对一些高占比率的对象予以详细分析,并分析某些比率异常的原因和逻辑。

第三,与同行业市场的横向比较。商业世界里存在客观的法律,通常约束着整个行业，除了处于特定阶段的特殊公司（也需要遵循常规逻辑）。大多数公司的做法和行业是一致的，如果不一致，就应该有原因。如果没有理由或理由不足以支持某公司，则该公司很可能进行了财务造假。

第四，与信源地核实比较。公司的伪造、篡改和虚构等造假行为，一般破解的最佳方法是查找并验证信息的来源。例如，发行机构可以验证某些可疑的固定资产、存货等，以确定是否存在伪造、篡改、虚构等现象。

上市公司选择财务造假，往往是因为经营发展不善，所以，企业的毛利率等财务指标不会特别高，审计人员可以通过测算被审计公司的平均毛利率，将其与行业基准毛利率比较，确认是否存在过大偏差。如果毛利率过高，要看其原因是否符合公司的实际情况；同时，被审计公司必须对超额毛利率做出充分说明和合理解释；若被审计公司所描述的情况与实际情况明显不符，并且不能做出合理解释的，那么很可能是公司存在财务造假的行为，财务报表使用人员应该对此提高警惕。虽然造假者在现金流、会计处理、快递物流等方面做了比较全面的掩饰，但由于他们的财务数据是伪造的，脱离了实际情况，如果将这些伪造的财务数据与同行业的其他企业相比，就会发现它的很多指标都是不正常的。

对于大型的集团上市公司的财务报表，财务报表使用者要多方面观察财务比率和各个指标，不仅要考虑资产负债率、速动比率、净利润和经营性现金流量净额等可以调节的指标，更要关注长期股权投资和可供出售金融资产等难以调节的指标。同时，财务造假要想实现"隐藏性"

的难度很大。首先，物流欺诈成本高，在购销环节，假冒商品的数量通常很多，需要支付高昂的运输费用，并在货物到达目的地时支付相应的装卸和储存费用。最后，退货时，还需赔付一些物流费用，如果物流造假的成本超过了造假所能获得的经济效益，公司就没有造假的必要性。此外，物流和快递留下了物流信息与痕迹。当审计人员仔细检查和阅读时，就很容易发现错误。正因如此，大多数企业的财务造假其实很难在物流、会计处理以及现金流等方面实现全面性的造假。尤其是企业的物流造假是很难做到天衣无缝的，总会出现一些差错，比如：企业假冒物流，就有商品发售，运输路线往往比较固定，货物流通后，最终返回原处。因此，审计人员可以从物流的角度出发，监控企业是否有实实在在的实物流通，也即在销售活动中是否真正地发货，货物最终抵达的地方是否正确合理，以及货物随后是否回流到了企业。如果货物的"起点"和"终点"是一致的，兜兜转转回到公司，意味着这是一笔虚假的交易，那么，即可判定该公司很可能存有财务造假行为，必须引起财务报表使用者的注意。

9.4 财务舞弊案例分析

本书在查阅国内外相关资料的基础上，以上市公司 D 公司为案件进行分析，重点研究 D 公司财务造假的方法和手段，进而提升广大读者对财务造假的识别能力。

9.4.1 D 公司简介

2004 年，D 电器股份有限公司（下文简称"D 公司"）注册资本大约 16000 万元，资产总额大约 45000 万元，公司的主要营业范畴是电器零件的设计研发，主要包括关于调温器、热水机等的制造。2010 年，公司股票首次成功公开发行，成为国内恒温器和中高端电热水壶行业的 A 股上市公司。D 公司上市后，获得了多项专利权，D 公司成功地在恒温器市场上打破了国外制造商的技术垄断，并且拥有了专属于自己企业的知识产权和科学合理的管理制度。

表9-1　2015年D公司股权结构

股东	持股比例
第一大股东	18.13%
第二大股东	15.63%
第三大股东	10.03%
D公司前三大股东共持股43.79%，其余股权较分散。	

随后，该公司发生了一系列变动。首先是某F再生科技股份有限公司预借壳D公司。D公司在上市之后主营业绩开始下滑、盈利能力持续下降，因此，D公司急需利用重组实现产业转型。2013年10月18日，D公司宣布资产重组计划。某F公司计划以63亿元的估值借壳D公司。该重组计划在2015年4月8日被中国证监会否决。对于否决合并重组的原因，中国证监会是这么认定的：该重组属于借壳上市，目标公司的会计准则薄弱，内部控制不适当。

其次是M集团买壳D公司。调查结果在一周后宣布并下达，D公司在调查期内须停止其资产重组计划。同时，D公司也承诺在六个月内不再进行重组计划。2015年，某传媒集团有限公司的实际控制人收购了某Y公司的全部股份，成了D公司的实际控制人。证监会在进行调查后，查明了D公司涉嫌违规证券市场操作，并准备着手调查D公司的其他市场活动，包括对某F公司的并购等事宜。

9.4.2 财务造假事件回顾

2010年D公司上市，当年营业利润2.34亿元，净利润3300万元。但是扣除非经常性损益，体现公司真正经营水平的净利润，却从2014年开始连续五年为负数。由于在2014年D公司亏损已达到961.63万元，当时的董事长预计2015年度公司将会再度面临亏损的情况，为了防止公司继续亏损以致被警示，更为了重组能够顺利完成，他便铤而走险，选择通过用虚假诉讼收入和虚假政府补贴的法律文件来增加公司的营业外收入。虚增营业外收入总额2000万元，虚增净利润总额1500万元，由此，公司2015年的业绩在账面上"转亏为盈"。

表9-2　2015年D公司虚增利润情况表

	虚增前	虚增	虚增后
利润总额	-1632.85	2000	367.15
净利润	-1068.57	1500	131.13

然而，D公司并未避免被ST的命运。由于2016年D公司的年报存在违规操作，Z会计事务所发布的审计报告声明无法对该公司的年报出具意见。第二年5月，D公司被警示，要求进行退市处理，股票代码依旧存在。

9.4.3 D公司财务造假手段

9.4.3.1 虚构影视版权转让业务

D公司在连续亏损两年后,为了公司股票不被ST,D公司精心组织了一场足以增加利润、使公司渡过难关的戏码。其通过法院判决的合同违约金和地方镇政府给予的财政补助来虚增营业外收入,造假手段极其隐蔽。不管过去被爆出来的财务造假案件采用了哪种方法造假,至少在造假的时候都是藏着掖着,不敢大张旗鼓。而D公司这次却反其道而行之,光明正大地造假,让人毫无防备。

D公司财务造假手段主要是虚构影视版权转让业务。D公司的董事长于2015年11月面临公司亏损的情况下与H公司签订了关于某影片版权转让的协议,协议书上明确了该项转让业务的费用为3000万元。若H公司没有在12月19日前按时取得该电影的上映许可证,即视为违约,则H公司就需要向D公司赔偿1000万元的违约金。

2015年11月10日,D公司董事长请求H公司与D公司签署电影的版权转让协议。H公司同意以3000万元人民币将电影的版权转让给D公司。H公司应于2015年12月10日之前获得该电影的发行许可证,否则将向D公司赔偿1000万元人民币的违约金。同月,D公司依照合同约定将3000万元的影片版权转让费支付给了H公司。2015年12月21日,D公司向北京市人民法院提起民事诉讼,称H公司并没有获得合法合理的相关商定发行许可,请求H公司依法赔偿。最终,人民法院认定D公司所陈述为事实,依法判定H公司赔偿给D公司所有费用和违约金。D公司从签合同到收到赔偿，一共40天，转眼就有了合法有效的4000万元入账。同时，D公司将这1000万元的违约金确认为2015年的营业外收入入账。此项造假行为，使D公司在2015年虚增收入和利润1000万元，净利润750万元。

2015年，D公司董事长联系了H公司法人，要求他协助签署一份《饕餮刑警》的版权转让协议，并承诺该协议无商业性质。其重点是D公司要真的与H公司打一场官司，要彻底坐实这1000万元的入账。从D公司和H公司签协议到D公司向法院起诉，仅仅花了40天，并且D公司起诉完不到10天H公司就痛痛快快签了调解书，"自愿"赔偿1000万元。这笔交易需要注意的另一个点是，D公司向H公司支付的3000万元，实际是支付给了D公司的关联企业，H公司只是中间的转账桥梁。当然，H公司依判决书退还给D公司的4000万也是通过中间的转账桥梁即D公司的关联企业到达D公司账户的。

根据证监会披露公告，可以看出，两方签订转让合同的时间为2015年12月18日，而双方约定H公司取得上映许可的时间为2015年12月10日。但事实上，D公司与H公司实际签订合同时，已经晚于违约条款规定时间，即该协议在签订之时就已经违约，所以D公司从一开始就已经设计好整个造假事件，该版权转让协议也注定要让H公司向D公司赔偿1000万元违约金。

9.4.3.2 虚构政府财政补助

D公司最大的股东Y公司在2015年转让其股份，应于2016年向国税局缴税 2 亿元。根据当地税收优惠政策，Y 公司可以得到 1000 万元以上的税收退款。但是，由于 Y 公司 2015 年前未纳税，无法满足当年的退税要求。为了实现虚假的利润增长，D 公司董事长寻求镇政府的帮助，并制订了以政府补贴的形式虚假增长收入的计划：无须镇政府实际向 D 公司出资，而是由 Y 公司先以税收保证金的名义向镇政府转账 1000 万元，然后再由该市政府将这笔钱以财政补贴的名义汇至 D 公司。

2015 年 12 月 29 日，Y 公司向当地政府转账 1000 万元，这笔资金是以税款保证金的名义汇入的。第二天，该政府就以政府补助的名义向 D 公司划转了 1000 万元人民币。D 公司于 2015 年 12 月 31 日称其已收到政府财政补助文件，已获得速溶咖啡机研发项目的综合财政补贴，该研发项目的财政补贴总额为 1000 万元，D 公司于 2015 年将其确认为公司的营业外收入。在此造假案中，D 公司 2015 年实现了营业收入和利润 1000 万元、净利润 750 万元的虚增。

实际上，是 D 公司的控股股东 Y 公司以税收保证金的形式将这笔钱转移给了政府，然后该政府又以政府补助的形式转给了 D 公司。

但值得推敲的是，如果 Y 公司直接将 1000 万元转给 D 公司，这一行为从会计准则上来看，不得计入利润表中，应作为股东资本性投入，D 公司应将 1000 万元计入资本公积。通过政府的资金转移，以政府财政补贴的方式使收入增加 1000 万元，D 公司就可以将这 1000 万元作为营业外收入，并在利润表中反映出来。

利用这两次财务造假，D 公司 2015 年的营业外收入瞬间增加了 2000 万元，净利润也增加了 1500 万元，成功地将亏损转化为盈利。

D公司时任董事长联合财务共同导演了两部"电影",通过法院关于合同违约赔偿的裁决以及地方政府给予的虚拟财政补贴,轻而易举地虚增了2000万元的收入,简直是天衣无缝。谁会想到法院的裁决和地方当局的拨款实际上是D公司财务造假以改变财务状况的一种手段?面对D公司这种情况,财务报表已经失去意义,其造假手段算是一个"异类"。说实话,正是在监管机构的监督调查和证据收集下,D公司的财务问题才浮出水面。

9.4.4 财务造假处罚结果

2018年5月8日,中国证监会对D公司做出的违法行为进行了处罚。根据《中华人民共和国证券法》(2014年修正)的有关规定,证监会决定对D公司给予警告,责令改正,并处以60万元的顶格罚款。从最终的处罚结果来看,可以说和D公司的违法行为并不匹配。财务造假属于非常重大的违法行为,法律应当对参与财务造假的企业从严处理,以便起到警示作用。

在对D公司处以罚款60万元人民币的三个月后,中国证监会对该公司当时的董事长、实际控制人和财务经理等14人进行了处罚。该公司的实际控制人被罚款60万元,其控制的成都某运公司借壳上市的计划被迫终止。

表9-3 D公司相关责任人处罚表

职务	处罚结果
实际控制人	警告并处以60万元罚款，5年禁入证券市场
时任董事长	警告并处以30万元罚款，10年禁入证券市场
时任财务总监	警告并处以20万元罚款，3年禁入证券市场
时任总经理	警告并处以5万元罚款
财务机构负责人	警告并处以5万元罚款
监事兼财务	警告并处以5万元罚款
现任董事长	警告并处以5万元罚款
董事	警告并处以3万元罚款
独立董事	警告并处以3万元罚款
监事	警告并处以3万元罚款

值得注意的是，于2020年3月1日生效的新证券法增加了对责任人的处罚，并且提高了罚款的倍数和金额。做出虚假陈述将处以60万元的罚款，而在修正后将处以1000万元的罚款。

9.4.5 案例启示

当真真假假交织在一起，当我们收集到的资料有限的时候，隐藏在背后的猫腻可能并不是那么容易觉察的。从D公司的造假案例中，我们可以得到以下启示：

首先，对于在进行投资时遭受亏损，但在第二年"奇迹"般转变为盈利的公司，要特别保持警惕，以防止其通过非经常性损益调整利润。企业用营业外收入进行财务造假不易察觉，如果某年异常增加，也应该引起重视。

其次，对于即使有司法文书、政府公文给企业增加收入的，也应该核实其业务的真实性。从这个案例我们可以看到，地方政府本来应该是市场的监管者，可是却成了这次财务造假的配合者。虽说镇政府的初衷是确保地方税收和就业，但是由于配合财务造假，成千上万的二级市场投资人将要为此付出代价。因此，特别提醒一点，如果你发现一家公司必须长期依靠政府补贴才能生存下去，那么在进行投资时就需要格外小心。

最后，对于有造假动机且呈现内容与动机相符，应重点关注、大胆设想、仔细核实。此案例告诉我们，不是每一种造假都可以从财务上找出漏洞，同时，千万不要低估上市公司在造假方式上的"创新能力"。

俗话说，说一句假话就需要十句假话来圆。所以，在整个财务造假的环节中，一定会存在一个相对薄弱的环节，常规最不容易摆平的就是资金，所以把握好资金这条主线，应该也能够发现蛛丝马迹。上市公司在造假时，虽然使用了花样繁多的手段，但只要细心识别，总能找到突破口，届时，所有的套路和花招就都不攻自破了。本案例中的D公司利用司法诉讼和政府补助的形式造假，且金额不大，让人很难发现。但假的终究是假的，即使一时能以假乱真，也终有被查处的时候。上市公司财务造假，难免自食其果，相信在新证券法的震慑下，上市公司铤而走险弄虚作假的案例会少得多，证券服务机构勤勉尽责也将成为一种风气，推动中国的资本市场更加市场化。

第十章

企业财务报表分析案例

当今社会，房地产行业在我国各大行业中占据着重要地位。它的发展，既与国家的国民总生产总值有关，也和人民的利益息息相关。因此，我国房地产行业的发展难免受到社会的密切关注。虽说房地产行业的发展可以促进我国的内部需求，为我国其他行业提供更多的市场和机会，但与其他行业相比，房地产行业的经营周期比较长，前期需要的投资金额较大，经营风险也就相对很高。近些年来，由于我国房地产行业高速发展，经营者越来越多，竞争也越来越激烈，我国的土地资源也日渐稀缺，房价也越发高涨，所以，国家制定了各种各样的政策来调控和规范房地产行业，确保其健康发展，不过也使房地产行业面临更大挑战。

自房价飙升至今，我国对房地产行业的监控变得越来越严格。2016年7月，中央政治局会议提出了"抑制资产泡沫"的说法，表明中央开始担心房价过度上涨可能会增加房地产市场泡沫破裂的风险。2017年，国家开始从对单个城市的调控到对城市群进行调控和规划；2018年的上半年政策整体升级，受到调节控制的城市增多。2016年的限购和限贷政策的提出，使房地产企业的资金更趋紧张，全国房地产市场遇冷，库存较严重。在这种情况下，财务管理成为企业竞争的重要组成部分，通过对财务报表和财务指标的分析和研究，发现问题、确决问题就成了关键。G集团自上市以来，就因为良好的发展受到了社会各界的关注，但受到2016年房地产政策的影响，G集团的资金紧缩，发展受到限制，这也是本书选择G集团作为财务报表分析案例的原因所在。

本章案例中用到的研究方法有比较分析法、比率分析法和趋势分析法等。1.比较分析法是对企业年度变化和经济效益变化的研究，能够比较企业在不同时间里的经营状况或不同企业在相同时期的发展水平，是了解企业的发展状况的方法。比较分析的作用，根据比较标准的选择而不同。2.比率分析法是指观察两个或多个与会计报表相联系的项目之间的关系，使用相对数来计算和分析，评估企业的未来发展的方法。比率分析法由于简便、清晰和比较性强，被普遍应用。3.趋势分析法是利用企业中三个以上的经济比率数据对其发展情况进行分析和比较，可以体现出企业在各个阶段的经济发展趋势。趋势分析法既可以系统地对会计报表进行研究，还能够对重要指标的变化进行分析。

10.1 G集团概况

  G集团的总公司是我国新兴的城镇化住宅开发公司，在全球范围内开发房地产项目，其中包括建筑、装修、物业管理等多方面的业务。房地产是G集团的核心业务，其为以别墅为主，高层为辅，并实现了设计、建筑、装修、物业等一体化的综合开发模式。在物业管理方面，G集团成立了物业服务有限公司，在全国多个省市建有子公司。某桂园的酒店管理公司也成了本土综合实力最强的五星级酒店之一。其旗下的建筑工程公司经过不断的发展和扩大，2016年的销售额超过三千亿元。G集团一直坚持以"巩固三四线，拥抱一二线"为核心，加大对一线和二线城市的投资，并坚持绿色、生态的发展战略，顺应国家低碳经济的趋势，稳定发展。

10.2 资产负债表分析

10.2.1 资产负债表水平分析

从表 10-1 看出，G 集团的流动资产较高，非流动资产较低。通过对比，G 集团的资产总额一直在增加，资产规模不断增大，其中流动资产占总资产的 57% 左右。在近三年间，流动资产占比呈逐年上升的趋势，其中存货和其他应收款的增加尤为明显，而其他项目也有不同程度的增加。流动资产多将会占据公司大部分的现金，减少公司的流动资产的周转速度和企业的资金利用效率。非流动资产在近三年来呈下降趋势，主要是固定资产减少导致的。非流动资产减少，会影响企业的经济效益和对未来的预期。但是从整体上来说，流动资产在随着年份的增加而上升；非流动资产虽然在减少，但总资产还是呈上升的趋势。

表10-1　2016—2018年G集团资产科目变动情况表　　单位：亿元

项目	2016年 金额	2016年 占总资产比例	2017年 金额	2017年 占总资产比例	2018年 金额	2018年 占总资产比例
流动资产	4848	0.559	8679	0.566	13997	0.579
流动资金	846	0.095	1370	0.089	2283	0.095
存货	249	0.027	425	0.029	882	0.036
其他应收款	1367	0.162	2726	0.175	4263	0.176
非流动资产	1083	0.125	1817	0.118	2299	0.095
对外投资资产	59	0.007	83	0.005	164	0.007
固定资产	209	0.024	240	0.016	259	0.011
无形资产	2	0.001	4	0.001	6	0.001
总资产	10666	1	15346	1	24156	1

表10-2　2016—2018年G集团负债和股东权益变动表　　单位：亿元

项目	2016年 金额	2016年 占总负债比例	2017年 金额	2017年 占总负债比例	2018年 金额	2018年 占总负债比例
短期借款	566	0.061	878	0.062	1398	0.063
应付债券	118	0.015	168	0.013	239	0.011
流动负债	4678	0.520	7695	0.549	12194	0.554
长期借款	2147	0.238	3467	0.247	5628	0.255
递延所得税负债	117	0.013	164	0.012	322	0.010
非流动负债	1377	0.153	1635	0.117	2368	0.107
总负债	9006	1	13509	1	22051	1

表10-3 2016—2018年G集团股东权益变动表　　　　单位：亿元

项目	2016年		2017年		2018年	
	金额	占总资产比例	金额	占总资产比例	金额	占总资产比例
所有者权益总额	1659	0.223	1837	0.234	2105	0.258

从表10-2和10-3可以看出，G集团的负债和所有者权益都有所增加。在负债中，流动负债比重较高，高达55%，并呈逐年递增的趋势。流动负债的增加表明企业的短期偿债风险增大，这是由短期借款的增加引起的，应付债券有一定程度上的减少，但是并不影响流动负债的总体增加。非流动负债的比重逐年降低，主要是递延所得税的减少引起的，其中长期借款有小幅度的增加。所有者权益近三年来也有所增加，股东权益增加。

G集团在2016—2018年这三年内的各项资产、负债都有大幅度提升，所有者权益也有小幅度上升，但在总资产增长的情况中，负债的增长起主要作用。从图中可以看出资产和负债增长幅度相当，所有者权益的增长幅度较小，不太明显。房地产行业自身具有投资金额大、周期长、风险高的特点，负债的增加引起总资产的增加也是较普遍的情况。负债的增加虽然在一定程度上增加了企业的经营风险，但是也增加了企业的盈利能力，是企业经常使用的一种经营策略。

10.3 利润表分析

从表10-4中可以看出，G集团的营业总收入、营业利润、利润总额和净利润一直在稳步增长，其中营业总收入的增长变化最明显。G集团在这三年来的经营业绩比较稳定，未受到房地产市场调控的影响。特别的是在2018年我国经济相对较困难的一年，在宏观经济调整的阶段，G集团的收入和利润没有下降，反而上升，更说明了G集团对市场变化的应对是强有力的。

营业总收入的增长率在2017年明显下降，2018年没有明显的波动；营业利润和利润总额在2017年降低，但在2018年开始回升；净利润由于2018年我国经济比较困难，因此有所下降。整体看来，G集团近几年的发展还是比较稳定的。

表10-4　G集团各项目利润增长率情况表

项目	2016年	2017年	2018年
营业总收入（%）	46.73	34.66	34.79
营业利润（%）	22.66	16.03	21.24
利润总额（%）	20.14	16.73	21.49
净利润（%）	17.88	24.25	20.14

10.4 现金流量表分析

现金流量表是指企业在具体的时间范围内由其企业的经营活动产生的资金变化和进出情况，它可以清晰地表明企业的经济发展程度，对企业的经济发展具有重要影响，它反映出企业的日常经济活动对企业现金流的影响力度，可以对企业未来获取现金的能力做出预测。

表10-5　G集团2016—2018年现金流量增减变动表　　单位：百万元

项目	2016年	2017年	2018年
经营活动产生的现金流量	20121	24085	29382
投资活动产生的现金流量	-32178	-28694	-22768
筹资活动产生的现金流量	70564	72822	73835

G集团的现金流入量绝大部分来自筹资活动，在近三年来一直处于上升趋势，这说明G集团一直处于企业规模扩大的状态，而且筹资情况良好，符合房地产行业投资金额相对较大的特点。由于房地产行业的发展周期较长，应收账款较多，经营活动产生的现金流量就相对较少；投资活动在近三年来一直为负，但整体趋势还是增长的，说明G集团近年

来在投资方面投入了大量的资金，企业整体处于规模扩大的状态。近几年来，有很多小型的房地产企业由于资金链断裂，融资成为难题，最终从房地产市场上消失。2018年，我国经济相对较困难，政府对房地产企业的调控力度加大，G集团作为大型房地产企业也受到了外部经济因素的波及，但各项指标的发展情况良好，对G集团未来的发展没有太大影响。

10.5 G集团主要财务指标分析

10.5.1 偿债能力分析

10.5.1.1 短期偿债能力分析

短期偿债能力是指企业在较短的时间内用企业的经济收益对企业的借款进行清偿的过程。下面,对企业近三年来的数据展开详细研究。

表10-6　2016—2017年G集团营运资本情况表　　　单位:亿元

项目	2016年	2017年	2018年
流动资产	954.23	1162.45	1936.67
流动负债	687.58	1149.73	1566.87
营运资本	266.65	312.72	369.8

从表10-6可以看出,G集团的流动资产、流动负债都在逐年递增,营运资本也在逐年增长。营运资本的增加,可以降低企业的贷款风险,因为当营运资本缺少时,企业就会在不适当的时间按较高的利率进行贷

款，来维持企业的经营，就不利于利息的支付和给股东的分红。G集团的营运资本一直呈增长趋势，这表明企业的经济发展态势是稳定上升。

表10-7　2016—2018年G集团偿债能力指标变动表

项目	2016年	2017年	2018年
流动比率（%）	1.41	1.37	1.34
速动比率（%）	0.56	0.55	0.53

流动比率是企业的流动资产与流动负债的比值。由表10-7可以看出，尽管G集团近几年的流动比率在减少，但对于G集团这种有着20多年经营历史的大企业来说，它的业务规模庞大，财务状况复杂，此时的流动比率数值已经是一个不错的数值了，这表明企业的经济实力显著增强。速动比率是指企业的速动资产与流动负债的比值。G集团近三年的速动比率保持在0.55左右，说明G集团的存货在近几年一直处于相对较高的水平，企业一直在不断地发展，扩大规模。但是因为存货的变现能力较低，而G集团的存货较高，应注意可能会给企业带来的较大风险。2018年，由于受到了贸易战、财政整顿和房地产市场监管等影响，G集团流动比率和速动比率都有小幅度下降。外部市场环境的风吹草动，当然会对企业造成影响，企业应该对此予以高度的重视。

10.5.1.2 长期偿债能力分析

长期偿债能力是企业在经营活动中对于各项借款进行归还的程度，是对企业承受债务的能力的一种长时间的考察。对企业的此项能力进行研究，可以得出一家企业的经济稳定程度。以下主要通过资产负债率对G集团进行分析和研究。

表10-8 2016—2018年G集团资产负债率变动表

项目	2016年	2017年	2018年
资产负债率（%）	71.54	77.43	76.85

资产负债率是企业总债务和总资产的比值，是判断企业的负债及风险的重要指标。G集团的资产负债率在近三年来一直稳定在75%左右，说明G集团的资金相对保守，长期偿债能力是比较稳定的。2018年由于外部市场波动，资产负债率略微有所下降，但是这种变化对其企业的长期偿债能力的影响程度较低。

10.5.2 营运能力分析

营运能力指企业在日常经营活动中的资产周转率，以及企业日常经营活动中对资产的利用度。这是判定企业经营能力的一种方法，可以此衡量企业未来发展的好坏。营运能力分析，对企业营运的各个方面在一定程度上都起到了很大的作用。在企业的日常活动中，对营运能力造成影响的因素非常多，下面，我们主要选择了其中的三个方面来对企业近三年的数据进行分析对比。

表10-9　2016—2018年G集团营运能力指标对比表

项目	2016年	2017年	2018年
存货周转率（%）	0.79	0.75	0.72
总资产周转率（%）	0.31	0.32	0.32
流动资产周转率（%）	0.29	0.32	0.30

存货周转率是指企业在具体的时间范围内，营业收入的净额与存货平均余额的比率。G集团的存货周转率一直稳定维持在0.75左右，它反映了存货的周转快慢，是一个良好的水平。G集团的发展特点是规模性项目开发，而且G集团的营销水平一直处于行业领先的优势地位，其存货周转率较高是由于存货量较少。这一比率较高，将会成为企业的竞争优势。尤其对于房地产行业来说，存货率高是一件好事。所以，G集团应该继续保持这种优势。

总资产周转率是指企业在一定时间内销售收入的净额与资产平均总额的比值。G集团在近三年的变化中呈现平稳趋势，在2018年房地产市场不容乐观的一年，G集团总资产周转率没有下降，而是维持了前一年的水平，说明G集团近三年来对资产的利用效率较高，经营风险较小，营运能力保持在比较不错的水平。流动资产周转率指企业在一定时间内从货币到商品再到货币的循环次数。企业的流动资产周转率是对企业经济效益的一个重要体现，它与对资产的利用呈正相关。由表10-9可以看出，G集团的流动资产周转率一直维持在0.3左右，发展较稳定，对G集团的营运能力没有产生太大影响。

10.5.3 盈利能力分析

盈利能力是指企业在具体的时间范围内获得经济收益的程度。这种方法不是独立存在的，它与企业的经济效益、资产收入以及利益相关者等许多方面都是有关联的。这种能力在企业经营活动中占据首要的位置，可以清晰地呈现企业经济效益的变化。下面，将通过销售毛利率、净资产收益率和总资产利润率这三个指标来研究某桂园的盈利能力。

表10-10 2016—2018年盈利能力指标对比表

项目	2016年	2017年	2018年
销售毛利率（%）	32.34	34.53	33.75
净资产收益率（%）	19.45	20.63	19.85
总资产报酬率（%）	5.34	5.67	5.29

从表10-10可以看出，G集团的销售毛利率、净资产收益率和总资产报酬率在2018年均有下降，这与2018年我国的经济相对较困难有关。当时，市场的消费能力有所下降，G集团的销售利润自然也跟着下降，使企业的盈利能力也连带着有所下降，因此，这三个指标的数值是下降的。

销售毛利率是指销售毛利与营业收入的比率，说明营业收入减去营业成本后，可以用来弥补各项期间费用并形成利润。G集团的销售毛利率一直在33%左右，造成这种现象的原因是三年前G集团向证监会上传了上市申请。这一做法，事实证明是对的，带来了其经济效益突飞猛进的发展局面。这也是G集团的销售毛利率在2016—2017年增加的主要原因之一。2018年，由于外部市场以及G集团内部管理层变动，销售毛利率有所下降。

净资产收益率是净利润和平均资产的比值。在一定程度上，它可以对股权人的资产收益做出权衡评价和分析。这个比率增长越快，股东的资产收益将越高，反之，股东资产收益将越低。G集团近三年的净资产收益率发展一直处于比较稳定的状态，没有太大幅度的变化。总资产报酬率指企业分配利润之前的资产报酬水平，它可以评估总资产的综合利用率、盈利能力以及经济效果。G集团的总资产报酬率2017年有所上升，说明G集团的营运资本较好；2018年有所下降，说明受到了市场变动的影响。由此可以得出，这种变动的发生对于企业的产品生产效率有很大程度的负面影响，同时也导致了企业的资产营运能力随之下降。

10.5.4 增长能力分析

增长能力是指在企业的生产经营过程中，企业利用自身的优势通过不懈的努力发展壮大企业的过程。对增长能力的调查研究，可以评估企业未来的发展潜力和面临的挑战机遇等，对企业中长期发展计划的制订与决策等具有重要意义和作用。下面，将通过对收入增长率、资产增长率、净利润增长率的分析来研究G集团的增长能力。

表10-11　G集团2016—2018年增长能力指标情况表

项目	2016年	2017年	2018年
收入增长率（%）	25.56	34.67	34.89
资产增长率（%）	27.23	28.57	30.24
净利润增长率（%）	17.98	24.75	22.54

收入增长率是指当期营业收入的增加额与上期营业收入的比率，是评估企业发展能力的一个基础指标，指标越高，增长速度越快，表明企业的市场前景越好。由表10-11可以看出，G集团的收入增长率一直呈递增的状态，说明G集团的增长速度较快，前景较好。资产增长率是指本期企业总资产的增加量与期初的资产总量之间的比值，可以表现出企业资产投入的增长状况。G集团的资产增长率一直呈稳定上升的趋势，说明G集团的资产规模增长较好，在成长方面表现良好。净利润增长率是本年末净利润的增加额与期初净利润的比值，它可以判断企业经营的好坏。近三年间G集团的净利润增长率在2017年上升，2018年又有所下降，这表明G集团在2018年受到外部环境的影响，企业的经济效益有所减少，但总体上还是增加的，发展也较好。

10.6 与同行业其他公司比较分析

在我国,房地产行业的竞争越来越激烈,不能只通过内部分析来研究 G 集团的财务状况,应当与同行业的其他企业进行对比分析。在上述分析中,G 集团从自身内部来看,发展稳定,前景良好。接下来,将通过与 W 公司和 L 公司的对比来分析某桂园存在的具体问题。

10.6.1 偿债能力分析比较

10.6.1.1 流动比率比较分析

表10-12 2016—2018年各企业流动比率情况表   单位:%

项目	2016年	2017年	2018年
G集团	1.41	1.37	1.34
W公司	1.47	1.42	1.34
L公司	1.62	1.67	1.65

由表 10-12 可以看出,G 集团和 W 公司的流动比率在近三年来一直在下降,L 公司在 2018 年虽有下降,但整体是呈上升趋势的。相比于其

他行业，房地产行业所需要的现金量比较大，如果只靠自身的资金是远远不够的，因此需要借助大量外债，所以流动比率相对比较低。而L公司就流动性而言，明显比G集团和W公司要高，可见L公司的短期偿债能力较强，是值得其他两家企业借鉴的。这三年来G集团的流动比率在1.3到1.4之间浮动，流动比率变化不大，但是比L公司和W公司的流动比率都要低，这是应该引起管理者重视的地方。而且，近几年G集团的流动比率一直在降低，这表明管理者应多关注G集团的流动资产和负债的情况，并且企业的短期偿债能力在一定程度上要有所提高。

10.6.1.2 速动比率比较分析

表10-13　2016—2018年各企业速动比率情况表　　　　单位：%

项目	2016年	2017年	2018年
G集团	0.56	0.55	0.53
W公司	0.41	0.34	0.43
L公司	0.37	0.41	0.47

从表10-13可以看出，G集团的速动比率最高，W公司和L公司相对比较低。速动比率大小可以体现短期偿债能力的强弱，但是太大就表明企业具有大量空闲的速动资产，使用率不高，增加了企业投资的成本。2017年W公司的速动比率有比较明显的下降，证明W公司的短期偿债能力还是不太稳定；而L公司在近三年来的速动比率虽然相对较低，但一直处于上升趋势，说明L公司的短期偿债能力在近几年的发展还是不

错的。G集团的速动比率在0.55左右，属于一般水平，财务风险不大，但这三年来G集团的速动比率呈下降趋势，如果一直下降会增加企业的财务风险，应当引起管理者的注意。

10.6.1.3 资产负债率比较分析

表10-14　2016—2018年各企业资产负债率情况表　　单位：%

项目	2016年	2017年	2018年
G集团	71.54	77.43	76.85
W公司	77.69	78.32	78.05
L公司	74.03	72.41	70.15

由表10-14得出，G集团、W公司和L公司的资产负债率均在50%以上，这是符合房地产业高负债的情况的。其中，L公司的资产负债率相对偏小，说明L公司的负债少，财务风险也小，同时也意味着L公司的发展能力比较有限。W公司近三年来的资产负债率比较平稳，稳定在78%左右，说明W公司的发展已经到了一个成熟的阶段，负债的规模也相对稳定。G集团的资产负债率2017年增长明显，2018年有所下降，说明G集团在2017年大规模的扩张后，后续的经营越来越稳健了。可见，G集团的未来发展前景良好。但是，如果负债的规模过大，也会给企业带来财务风险，对企业的经营造成困难。所以，管理者应注意将资产负债率控制在一个相对稳定安全的范围内。

10.6.2 营运能力比较分析

10.6.2.1 存货周转率比较分析

从表10-15可以看出，W公司的存货周转率最低，说明W公司存货的变现能力较弱，在行业间的竞争优势也较弱，应注意减少存货的积压；L公司在近三年来的存货周转率在大幅度地增长，说明L公司在近年来的发展势头良好，处于扩大规模的阶段；而G集团的存货周转率明显高于W公司和L公司，虽然在近三年有下降趋势，但依然处于0.7以上。G集团的销售快，周期短是存货周转率高的重要原因，这是G集团在房地产行业竞争的优势，应该继续保持下去。

表10-15　2016—2018年各公司存货周转率情况表　　单位：%

项目	2016年	2017年	2018年
G集团	0.79	0.75	0.72
W公司	0.28	0.32	0.33
L公司	0.45	0.54	0.67

10.6.2.2 总资产周转率比较分析

表10-16　2016—2018年各公司总资产周转率情况表　　单位：%

项目	2016年	2017年	2018年
G集团	0.31	0.32	0.32
W公司	0.29	0.31	0.30
L公司	0.25	0.29	0.30

如表10-16所示，通过对比发现，L公司的总资产利用率相对偏低，说明企业对资产的管理效率较低，企业的经营风险相对较高，但在最近三年，L公司的总资产利用率呈上涨趋势，说明L公司已经发现了问题，正在逐步调整，提高对资产的利用率；W公司近三年来的资产利用率在2018年有所下降，是因为外部市场变动，但影响并不大，继续保持就好；G集团的资产利用率一直处在0.3之上，表明G集团运用资产获取收入的能力比较强，对资产的利用率比较高，因此经营风险相对较小。G集团应当在保持自身优势的同时，时刻关注对手企业的发展，不断增强在行业内的竞争力。

10.6.3 盈利能力分析比较

10.6.3.1 销售毛利率比较分析

表10-17　2016—2018年各公司销售毛利率情况表　　单位：%

项目	2016年	2017年	2018年
G集团	32.34	34.53	33.75
W公司	36.57	32.47	30.94
L公司	34.53	32.31	30.04

由表 10-17 可以看出，三家企业的销售毛利率没有相差太大。其中，W 公司和 L 公司在近三年销售毛利率有所降低，而 G 集团三年来的销售毛利率相对来说较为稳定，虽然在 2018 年有所下降，但还是呈上升趋势的。G 集团开发的项目以生态环境优良为特点，并且开发成本低、售价低，因此一直受到消费者的青睐，建议 G 集团继续保持自身的优势，并从其他企业长处中受到启发，弥补自身不足。

10.6.3.2 净资产收益率比较分析

表10-18　2016—2018年各企业净资产收益率情况表　　　单位：%

项目	2016年	2017年	2018年
G集团	19.45	20.63	19.85
W公司	18.17	19.66	17.86
L公司	21.07	19.24	17.49

从表 10-18 可知，G 集团的净资产收益率比较稳定，W 公司的净资产收益率相对来说较低，L 公司的净资产收益率在近三年来有所下降。该指标越高，说明企业的盈利能力越强。G 集团在近三年来的净资产收益率稳定维持在 19% 到 21% 之间。在 2018 年房地产市场相对较弱的一年，G 集团的净资产收益率还保持在 19% 以上，说明 G 集团对自有资金的利用率高，在应对市场风险方面有着较强的适应能力，具有良好的发展前景。

10.7 主要结论

本章通过对 G 集团近三年来的财务情况进行研究,并同 W 公司、L 公司两家企业进行对比分析,对 G 集团的财务状况得出以下结论。

第一,G 集团负债较多,偿债能力偏低。对近三年的财务数据分析显示,G 集团的资产负债率一直处于上升趋势,尤其 2017 年和 2018 年均在 70% 以上,这说明 G 集团的资金很大程度上依赖于外部资金。同时,G 集团的流动比率是三家公司中最低的,说明 G 集团偿还负债的能力较低,短期偿债能力偏低。负债偏高,偿债能力偏低对于企业的经营来说具有很大的风险,一旦外部的借贷环境发生变化,很可能会导致企业的资金链断裂,对企业的发展产生极大的威胁,因此管理者需对此方面引起重视。

第二,G 集团存货周转率较高,营运能力较强。G 集团的存货周转率比较高,而且在三家企业当中也处于较高水平,说明 G 集团的存货留存较少,存货的变现能力较强,能够及时地为企业带来现金流入和收益;并且,G 集团的总资产周转率发展一直平稳,说明 G 集团运用资产获得收入的能力较强,对资产的利用率较高,经营风险相对较小。

第三,G 集团销售可观,但销售毛利率偏低,盈利能力偏低。虽然

G集团在近三年来的销售毛利率一直处于平稳的状态，但在同行业之间相比较还是偏低的，因此企业的盈利能力还有待提高。

第四，G集团总资产持续增长，企业的增长能力较好。在2018年我国经济相对较困难的一年，G集团的总资产增长率仍然处于上升的态势，说明G集团一直处于不断扩张的模式，发展前景良好。但收入增长率在三家企业之间最低，说明G集团仍然有待开发和扩展的新项目。

经过对G集团近三年的比较和分析，并结合G集团的实际经营情况，对G集团出现的财务问题给出以下几点建议：1.注重降低负债压力，增强偿债能力。G集团目前的发展战略需要企业进一步加大资金的投入，要在提升自身现金流入能力的基础上，合理控制负债，适当地吸引投资，引入战略投资者，增加流动资产，提高现金流量水平，在未来前景不明确的情况下，保证企业目前健康的发展。2.适当提高销售毛利率，提高盈利能力。G集团的经营产品类型比较多，不同产品在盈利方面的能力也各不相同，制定出合适的产品组合，使不同的产品之间互相弥补，提高企业的综合销售毛利率，进而提高企业的盈利能力。同时，G集团在全国已经具有一定知名度，可以通过适当提高售价来提高销售毛利率，从而进一步提高企业的盈利能力。

后　　记

　　随着改革开放的深入，经济全球化迅速发展，投资人和企业管理人员面临着各种经济活动中市场信息和资源配置等因素带来的诸多不确定因素。分析的基本功能是将大量报告数据转换为有用的信息，以便做出具体决策，从而减少决策的不确定性。在各种经济决策中，企业需要将一些财务指标作为决策的基础。但是，目前的财务分析指标仍有许多局限性，没有对指标的每个要素的构成进行更深入的研究，并且没有充分利用会计。报告提供的信息不适合特殊业务类型的企业，不能很好地反映企业的发展和运作，导致会计信息失真，误导投资人做出错误决策。

　　进行财务报表分析可以为投资人和债权人进行投资和信贷决策提供有用信息；加强财务报表分析可以为企业经管者进行经营决策提供有用信息；同时财务报表分析可以为投资人评价企业管理层受托责任的履行情况提供重要信息。因此，投资人以及财会从业人员搭建起完整而科学的财务报表分析体系是一项非常重要的工作，具有十分重要的经济的价值。

　　本书将财务理论与财务分析案例结合，运用生动的语言和严谨的逻辑，一层一层剥开公司财务报表的神秘面纱，向读者揭露公司"漂亮"业绩背后的真相。本书还向读者提供了简洁的分析工具，辅以充分的数据支撑，向读者传授如何进行财务分析以及避免财务造假的实用方法，为读者提升报表分析能力提供了很好的素材。同时，本书立足于实务需要，还为企业的管理层更好地运营企业提供了大量的实际建议与对策。